城市信息与数据科学导论
智慧城市系统构造与应用

Introduction to Urban Informatics and Data Science
System Construction and Application of Smart Cities

来源 著

中国建筑工业出版社

图书在版编目（CIP）数据

城市信息与数据科学导论：智慧城市系统构造与应用＝Introduction to Urban Informatics and Data Science：System Construction and Application of Smart Cities / 来源著. — 北京：中国建筑工业出版社，2022.7
　ISBN 978-7-112-27490-1

Ⅰ.①城… Ⅱ.①来… Ⅲ.①现代化城市-城市建设-信息技术-研究 Ⅳ.①F291.1-39

中国版本图书馆CIP数据核字（2022）第097422号

责任编辑：刘瑞霞
责任校对：党 蕾

城市信息与数据科学导论
智慧城市系统构造与应用
Introduction to Urban Informatics and Data Science
System Construction and Application of Smart Cities
来源　著

*

中国建筑工业出版社出版、发行（北京海淀三里河路9号）
各地新华书店、建筑书店经销
北京鸿文瀚海文化传媒有限公司制版
北京凌奇印刷有限责任公司印刷

*

开本：787毫米×1092毫米　1/16　印张：12¼　字数：243千字
2022年7月第一版　2022年7月第一次印刷
定价：50.00元
ISBN 978-7-112-27490-1
(38926)

版权所有　翻印必究
如有印装质量问题，可寄本社图书出版中心退换
（邮政编码100037）

作者简介

来源,博士,清华大学建筑学院助理教授/特别研究员,博士研究生导师。主要研究与教学方向包括城市科学、城市设计、城市应用信息学、城市智能技术应用等。2019年至2021年曾在美国麻省理工学院建筑与城市规划学院(MIT DUSP)担任城市科学讲师,负责城市科学与应用数据科学的相关课程教学,同时还是麻省理工学院工程学院"新工程教育转型"计划中数字城市方向的负责人之一。2016年至2019年曾在纽约大学城市管理研究所(NYU Marron Institute of Urban Management)和纽约大学城市科学与发展中心(NYU Center for Urban Science and Progress)开展研究工作,主要关注城市数据的跨学科整合与创新应用分析,包括利用数据科学和机器学习来分析城市环境、人口健康、社交媒体舆情、传感网络监测,以及基于城市经济活动大数据的政策分析。在城市开发与设计方面,曾在波士顿萨夫迪建筑设计事务所(Safdie Architects)从事建筑和城市设计工作,参与了全球多个城市开发项目。研究关注城市信息学、城市规划和数据科学的交叉领域,旨在结合计算机科学与规划设计研究以解决城市管理中的复杂问题。

作者于纽约大学城市科学与发展中心获得工学博士学位(城市系统和信息学方向)、应用城市科学与信息学理学硕士,并于纽约州立大学获得城市规划学硕士学位,于北京林业大学获得风景园林学士学位。研究成果发表于多个国际研究期刊、会议演讲以及媒体报道,包括联合国、彭博科技、纽约多媒体实验室、美国规划师协会、美国土木工程师协会、公共政策分析与管理协会、城市设计论坛等。

序　言

　　随着信息技术迅速融入城市环境，数据在我们的日常生活中不断发挥着积极作用并产生重大的社会经济影响。尤其是近 20 年来，信息技术迅速融入城市建设管理之中，数据在城市生活中的经济作用与社会影响更加凸显。城市化和信息化的同步发展产生了两个并发现象，即"数字化城市"（城市系统与数据）与"数据社会化"（数据与人）。与此相关领域的研究与技术应用表明，聚焦城市的信息学和数据科学将成为城市前沿研究、实际治理与应用科技开发的必要基础。

　　作者的研究利用海量、多维、跨学科数据来扩展对城市的科学认识，并改善其设计、规划、运营和管理。本书的主要研究目的在于解决智慧城市构造中的一个核心问题，即数据如何能扩展我们对城市作为一个复杂系统的科学理解，并支持更好的规划、设计、政策制定与运营。由此引出了三个具体的课题：①定义智慧城市系统中的核心组件与关键数据；②利用不断涌现的城市数据，创建可推广的计算分析方法以用于量化研究城市问题；③开发数据驱动的城市智能，及其在城市规划设计和治理过程中的应用原型。

　　构思本书时，作者的逻辑层次大致可整理为三个大部分，逐步深入地对智慧城市、城市数据科学、城市智能进行了阐述。第一部分（第 1 章、第 2 章、第 3 章）对智慧城市的技术发展、城市科学的理论观点、城市数据的现状进行了梳理。第 1 章 "智慧城市的演进" 概述了当下城市经历的两个并发现象——"数字化城市" 与 "互联网社会"，并回顾了近 20 年来智慧城市理念的演变，以及当前科技在城市领域中面临的冲突和争议。第 2 章 "城市科学的梳理" 系统性地回顾了自二战以来，城市规划学、建筑与风景园林、地理学、系统工程学、计算机科学、社会学以及管理学的学者们对城市作为复杂系统的科学理解。以系统体系论、动态系统论、社会技术系统论为代表的系统学研究对未来城市开发，尤其是智慧城市的构造理论研究与实际技术开发都具有重大的启示意义。上述关于城市系统的理论观点结合现实城市问题和信息科学技术进一步催生了城市科学的兴起，由此作者进一步梳理了城市科学的不同研究分支及目前全球城市科学学科建设情况。第 3 章 "城市数据的格局" 以美国纽约市为例，介绍了其城市数据的来源、收集方式和利用方法，揭示了当前城市中丰富却零散的数据格局及其在实际利用中面临的挑战。

　　第二部分（第 4 章、第 5 章、第 6 章）展开论述了数据科学如何利用真实城市数据并结合实际问题，对之前的规划设计理论进行量化验证、对多学科的城市现象进行整合解析、对跨越不同信息系统的城市知识进行发现探索。第 4 章"城市场所的量化"基于城市设计中对空间场所性的理解，并结合现有的数据资源，阐释了多维多空间尺度的不同城市信息可通过数据挖掘、整合与分析来实现多维数据本地化，即"量化场所"的概念。这一章以纽约市行人活动分析为例，具体论证了复杂城市环境中多元数据本地化的过程。该方法通过集成高分辨率、大规模和异构的城市数据集，并将行人活动现场观测和城市计算联系起来，从而通过动态环境和社会因素来分析城市景观的固定属性。第 5 章"城市健康数据整合"展示了利用数据挖掘来提取关键信息，并与跨学科城市信息整合的可能性。这一章以纽约市行道树与邻里健康数据研究为例，论证了公众健康如何受到城市系统中的物理性、生态性以及社会经济性不同因素的影响。第 6 章"城市知识的发现"阐释了利用机器学习来进行数据挖掘和知识发现的分析流程。作者利用自然语言处理和话题建模，从美国七个主要城市的建筑许可信息中发现建筑活动的话题结构。研究说明，异构数据系统需要更灵活和适应性更强的方法来进行多城市间的信息交换、知识发现、管理协作，而近年来广受关注的机器学习和人工智能可以部分解决以上的问题。

第三部分（第 7 章、第 8 章、第 9 章）对城市智能的含义及其在全球重大议题中的应用进行了探讨。第 7 章"城市智能的构造"对城市智能的定义和构造进行了更加细致的阐述，提出了一个基于数据集成分析的城市智能总体框架，并对其相关的社会和技术因素及其复杂性进行了讨论。第 8 章"城市智能应对疫情"总结了城市智能在新冠肺炎疫情中的应用价值、未来开发方向以及潜在的技术与社会挑战。第 9 章"城市智能应对气候变化"总结了城市在全球应对气候变化行动中的重要角色，城市智能无论是在城市碳排放的监测、分析和数据驱动的治理政策，还是在城市针对气候变化风险的适应性策略制定中都起到了重要的技术支持作用。

本书所包含的研究主要针对当前城市数据挖掘和信息整合技术进行了前沿探索，其中的方法可用于分析城市生态环境、人居健康、经济开发等问题。具体的研究贡献包括海量多维城市数据的挖掘和集成方法、统计建模和机器学习用于研究复杂的城市现象、基于数据科学和信息可视化的城市智能产品原型设计等。作者以城市为出发点，将数据科学、系统工程学与设计规划学多学科方法相结合，阐释了一系列创新研究方法和应用方案，例如数据挖掘和集成、时空数据聚类、自然语言处理、基于机器学习的预测、城市信息可视化设计等。其中所包含的案例与研究成果对专业人士主要有四个方面的启发：①理解城市系统的复杂性和理论基础；②学习应用数据科学，包括数据挖掘、模型分析和可视化的专业知识；③了解以数据分析为基础，以假设检验、建模和验证为过程的城市科学研究方法；④借鉴基于城市问题和公众需求的新型信息技术产品的研发与应用策略。

　　本书提供了丰富详实的城市信息学知识以及数据科学在城市问题中的具体应用方法，适用于城市领域相关专业学生、规划设计专业人士、城市数据科学家、城市管理决策者、城市科技开发者、未来城市理论研究学者以及对信息技术如何应对城市问题感兴趣的读者。作者的跨学科研究证明，城市作为一个复杂的"物理-社会-生态-技术"系统，其问题的研究需要一套结合区域规划、城市设计、计算机科学与系统工程学的综合方法。

来源

2021年8月于清华园

目　录

第1章　智慧城市的演进 …… 001
- 智慧城市的内涵与范畴 …… 002
- 智慧城市的兴起与发展 …… 004
- 智慧城市的技术难题 …… 009
- 智慧城市的应有反思 …… 010
- 参考文献 …… 013

第2章　城市科学的梳理 …… 019
- 城市系统理论的脉络 …… 020
- 城市科学的演进 …… 025
- 城市科学的研究分支 …… 029
- 全球城市科学教育情况概览 …… 035
- 参考文献 …… 039

第3章　城市数据的格局 …… 045
- 城市数据的来源 …… 046
- 城市数据的类型 …… 050
- 城市数据的挖掘与整合 …… 054
- 城市数据的局限 …… 059
- 参考文献 …… 060

第4章　城市场所的量化 …… 065
- 城市场所的量化 …… 066
- 场所的量化定义 …… 068
- 场所数据的融合 …… 071
- 特征工程与建模 …… 076
- 行人活动差异与驱动因素 …… 079
- 参考文献 …… 089

第 5 章　城市健康数据整合 …… 093

- 城市健康数据现状 …… 094
- 行道树与城市健康 …… 095
- 健康数据整合 …… 096
- 行道树和社区致敏性 …… 099
- 城市环境与人口健康的空间差异 …… 103
- 整合城市健康数据的挑战 …… 107
- 参考文献 …… 110

第 6 章　城市知识的发现 …… 115

- 研究城市知识发现的动机 …… 116
- 知识发现的流程 …… 118
- 话题模型 …… 123
- 建筑活动话题发现 …… 125
- 基于文本数据分析的建筑活动信息智能 …… 133
- 参考文献 …… 136

第 7 章　城市智能的构造 …… 141

- 城市智能的定义 …… 142
- 城市智能的技术框架 …… 144
- 城市智能的信息系统 …… 146
- 智联社区的构想 …… 148
- 城市智能的局限 …… 151
- 参考文献 …… 152

第 8 章　城市智能应对疫情 …… 155

- 城市智能应对疫情的意义 …… 156
- 城市智能应对疫情的关键信息要素 …… 157
- 城市智能应对疫情实践中的挑战 …… 162
- 城市智能应对疫情的未来 …… 164
- 参考文献 …… 165

第 9 章　城市智能应对气候变化 …… 167

- 气候变化对城市的挑战 …… 168

城市智能支持碳排放政策 ………………………………………… 168
城市智能用于气候适应 …………………………………………… 173
城市智能应对气候变化的思考 …………………………………… 176
参考文献 …………………………………………………………… 178

结语 ……………………………………………………………………… 182

第 1 章　智慧城市的演进

　　自 21 世纪以来,"城市数字化"与"互联网社会化"两个并行的现象给世界带来了前所未有的重大影响。在城市化进程不断发展的同时,越来越多的信息技术融入城市环境之中,成为支撑城市运行系统的重要部分。与此同时,将新科技应用于城市领域的过程中也面临着诸多冲突与争议。本章回顾了 21 世纪以来"智慧城市"这一理念的演进,并对过往智慧城市的开发进行反思,对未来探索信息技术如何支持城市应对气候变化、提升人居健康、促进社会经济发展都具有重要的意义。

智慧城市的内涵与范畴

近年来,全球规模的城市化和通信计算机技术的普及应用带来了两个并行发生的现象——"城市数字化"和"互联网社会化"[1]。根据联合国的预测,到2030年全球将有43个超大城市①,而其中的大多数城市位于发展中国家[2]。预计到2050年,全世界将有近100亿人口,即总人口的68%将生活在城市地区[3]。在人类文明的进程中,全球规模的城市化产生了深远的影响,这些巨型而密集的都市圈是区域经济增长和文化创新的重要动力来源,但也不可避免地加剧了人居、环境与资源等因素之间的矛盾冲突。2016年,中国和世界各国针对全球气候变化问题达成了具有历史意义的《巴黎协定》,以作为全球范围的气候行动规划[4]。为了响应该协定,全球多个城市进一步成立了城市气候领导联盟(C40),旨在推动城市尺度的气候变化行动规划、政策响应与国际合作[5]。根据C40的研究报告,目前全球城市消耗了约2/3的能源,产生的二氧化碳占总碳排放量的比重也超过了70%[6]。由于多数超大型城市位于沿海区域,它们还面临着由气候变化所带来的海平面上升和极端天气对人居安全、生态平衡、生产经济等方面的威胁。为了实现人类宜居、生态可持续、经济繁荣发展、社会公平稳定,未来城市需要更加科学、高效、协调的规划、运营与治理模式。

21世纪以来,信息技术伴随着全球城市化进程,正在与城市环境快速地进行融合。根据国际电信联盟(International Telecommunication Union,ITU)的报告,2016年世界上人均手机服务订阅量首次超过了1,即每个人平均拥有1个以上的个人通信服务[7]。2017年,全球使用固定宽带服务的人口超过了10亿[8]。信息通信技术(Information and Communications Technology,ICT)与物联网技术(Internet of Things,IoT)正在以前所未有的速度嵌入城市的基础设施、经济生产、生态环境、文化活动中,使大数据(Big Data)与普适计算(Ubiquitous Computing)成为现实。随着科技应用不断地扩展并进入人们的衣食住行之中,城市生活中的各个方面都将以数据的形式映射并对接到计算机与互联网领域,这个转变将会进一步促使数据成为连接城市复杂多样的"社会-生态-技术"系统的核心。

信息技术的变革为城市的研究和实践,尤其是公共治理、城市规划、人居健康、经济商业发展等方面带来了新的机遇和挑战。理论上,城市的本质是以非农业活动和非农业人口为主的人类聚居地[9];而在技术层面上,城市是相互联系的

---

① 联合国定义凡超过一千万居民的城市为超大城市(megacity)。参见:联合国经济与社会事务署人口司发布的《世界城镇化前景报告》(2014修订版)。

具有动态行为的复杂"社会-技术-生态"系统[10]。新的数据来源为研究城市现象提供了更多样全面的信息资源，并推动跨学科协同合作与可推广的计算解决方案开发。在信息技术和物联网的支持下，未来城市将实现其多个子系统，例如交通、环境、建筑、经济等之间的互联互通。在理想情况下，多学科数据的融合可加速知识交流和多方协作，从而创建更加有效、可持续和公平的解决方案。

2010年至今，我国和其他国家的多个政府部门、研究机构、科技企业对"智慧城市"的内涵进行了解释（表1-1）。由于这些解释来自于不同的职能部门和产业领域，对于什么是"智慧城市"也会有不同的观点或侧重层面。例如有的认为智慧城市是一种更加科学和高效的规划、建设和管理城市的综合新模式[11]，有的认为智慧城市是城市在信息时代更新发展的过程[12]，有的认为城市将在新技术的影响下发生质变从而演化成新的系统。这些定义虽然在具体术语上有着不同的论述，但整体都反映了"智慧城市"理念的两个层面：一方面是对包括大数据、云计算、人工智能、物联网等在内的新信息技术的合理开发与应用；另一方面是对当前城市问题以及未来美好城市人居诉求的回应。

智慧城市的相关定义　　　　　　　　　　　　　　　　　　表 1-1

发布机构（发布时间）	关于"智慧城市"的相关定义
中国住房和城乡建设部（2012）	智慧城市是通过综合运用现代科学技术、整合信息资源、统筹业务应用系统，加强城市规划、建设和管理的新模式[11]
美国国家情报委员会（2012）	智慧城市利用先进的信息技术，以最小的资源消耗和环境代价，实现最大化的城市效率和生活品质[12]
英国商务、创新和技能部（2013）	智慧城市是一个过程，智慧城市建设过程整合了市民参与、硬基础设施、社会资本和数字技术，能使城市变得更宜居，适应性更强，面对新挑战能快速做出响应[15]
中国国家发改委、工信部、科技部、公安部、财政部、国土部、住建部、交通部（2014）	智慧城市是运用物联网、云计算、大数据、空间地理信息集成等新一代信息技术，促进城市规划、建设、管理和服务智慧化的新理念和新模式[13]
国际电信联盟智慧可持续城市焦点组（ITU FG-SSC）（2015）	智慧可持续城市是创新城市，在利用信息通信技术和其他手段改善生活质量、提高城市运作和服务效率并加强竞争力的同时，确保人们当前和未来的经济、社会和环境需求得以满足[14]
联合国"人居三"议题文件（2015）	智慧城市规划和设计是利用新技术和新手段促进城市规划和设计，解决不断变化的需求和城市化挑战的方法[16]
腾讯研究院（2018）	智慧城市的概念远不仅仅局限于将技术应用于城市，而是基于实体城市全面感知、泛在连接基础上形成的有自我决策能力的生态系统。它不仅是实体城市的全面数字化，而且是实体城市在不断加持信息科技后发生质变形成的一种全新的城市运行、管理和服务形态，具有泛在连接、高效赋能、生态融合等特征[17]

基于以上不同的论述，本书对"智慧城市"的内涵与范畴进行如下的定义：首先，"城市"界定了我们在讨论此概念时的范围。通过城市演进的历史，可以归纳出城市普遍的特征，包括高密度的聚居形式、非农业的职能、较为确定的领域界限、较多人工塑造的环境等[13]。城市同时具有地理和行政的范围，明确的行政区域划分对于信息管理来说是至关重要的。其次，"智慧"界定了本书在探讨未来城市时所关注的角度，即以数据科学和信息技术所支撑的智慧科技领域的研究和开发。当前也有从其他角度对未来城市的探索，例如生态城市、海绵城市、韧性城市、低碳城市、宜居城市等，本书中的部分研究内容虽与未来应对气候变化的可持续城市紧密相关，但仍将"智能"作为研究的对象，而将生态、宜居等作为智慧城市的效益目标、价值取向以及应用场景。最后，作者认为智慧城市是当前仍在持续进行科学研究、并处于产业高速发展阶段的一个概念，因此本书着重阐述智慧城市的演进、基本构造、场景应用以及未来发展所应遵循的伦理原则和期望达到的效益，但不对其最终形态做出过于具体的论述。下面将通过对"智慧城市"这一理念的历史演变进行系统的梳理，展开针对智慧城市内涵更加深入的论述。

智慧城市的兴起与发展

早在20世纪中期，就有研究学者提出了城市系统（urban system）的抽象概念，但由于当时数据资源匮乏且计算能力有限，城市系统的理论研究与实际应用之间存在有巨大的差距。而自21世纪以来，随着日益严重的城市问题和新科技的出现，"智慧城市"这一概念得到了人们的关注，并引发了与城市系统相关的一系列学术见解、科研成果和产品创新[18]。依据具体的科技开发和产品普及过程，可将智慧城市的兴起大致分为四个阶段（图1-1）。

第一阶段：智慧城市萌芽阶段（2000—2005年），基于无线网络（WiFi）和传感器的信息通信技术（ICT）在全球发达国家的城市基础设施系统普及。以Arduino为代表的单板电脑（Single Board Computer，SBC）① 的出现亦为研发和推广低价、可大规模部署的智能基础设施提供了硬件技术。在此阶段中，城市中开始大量地投资建设网络节点，将城市环境与公共基础设施网络连接起来，这为创建"数字社区"或"虚拟城市"打下了基础[19,20]。市政职能部门则进一步利用此类网络产生的数据推广城市信息化管理，并逐渐发展出连接建筑环境、人居

---

① 单板电脑指将微处理器、存储器、输入和输出端口等组装在印制电路板上，并可与传感器、发光二极管、显示器、键盘等外接设备相连接的小型计算机。因价格低廉，可适用于智能设备的原型研发（prototyping）与大规模的设备网络部署。

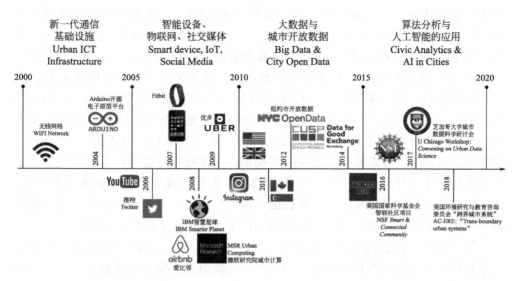

图 1-1　城市信息与相关科技产业的发展时间线（2000—2020 年）

活动、政务信息的"数字城市"的雏形[21]。

第二阶段：智慧城市产业化阶段（2005—2010 年），个人智能设备、物联网（IoT）和社交媒体的迅速发展带来了服务个人用户的新信息技术应用。2007 年，苹果公司发布了革命性的智能手机 iPhone。同年，Fitbit 推出了首款可追踪个人健康的智能可穿戴设备[22]。美国著名的科技创新杂志《连线》（WIRED）将此现象描述为"量化自我"（quantifying-self），即人们开始使用数据和便携智能设备来管理个人健康和规划生活的趋势[23]。2008 年，IBM 公司提出了"智慧星球"（Smarter Planet）的愿景，并于次年启动了"智慧城市"项目（Smarter Cities），旨在利用信息技术支持未来城市的基础设施建设，并构建信息智能管理系统。IBM 的核心理念是通过传感器和数据分析预测，为城市创建一套"智能系统"来改善电力能源、物流、自来水供给、医疗保健、运输等城市系统以服务城市核心职能与未来人居需求[24]。由于 IBM 的业务重点定位在 ICT 基础架构和相关的应用程序，该项目对智慧城市的定义更加偏重于具体技术层面。其主要的策略是在城市环境中配备足够多的传感器，并通过各种数据的采集与连接，通过分析建模和优化从而实现城市系统的信息化与智能化管理[25]。

在微观层面上，个人智能设备成为电子商务、社交媒体、在线平台和移动应用程序（APP）等数字产品的技术应用载体。信息技术将物理空间、数字媒体以及人的活动结合在一起，数据开始在人们的日常生活中变得无处不在，并由此引出了"普适计算"，即强调环境和人融为一体的计算概念[26]。IBM 智慧城市开发项目的总工程师科林·哈里森（Colin Harrison）认为，城市数字化为观测与量化个人以及群体行为活动提供了强大的数据基础，这可以帮助科学家描绘许多之前难以量化甚至"不可见"的社会行为与群体效应[27]。随着数字化经济不断发展，公众对信息技术也有了更加直观和广泛的了解，这进一步催生了基于用户数据的共享经济（Sharing Economy）和基于新媒体平台的数字内容产业（Digital Content-based Industry）。在这短短的五年间，涌现了多个极具影响力的科技产品和创业公司，包括视频发布平台 YouTube（2005 年）、社交媒体平台 Twitter（2006 年）、住房短租平台 Airbnb（2008 年）、网络约车应用 Uber（2009 年）、照片视频分享社交平台 Instagram（2010 年）等。而相对于 IBM 公司自上而下、聚焦决策管理的"智慧城市"解决方案构架，这些新兴科技的产业模式更加关注于个人用户体验与海量用户产生的集群效益，为数字城市带来了更多的参与感。而与传统互联网中仅活跃于虚拟世界的"网民"不同，上述平台的使用者对现实城市系统的交通、住房、环境与经济活动产生了自下而上的广泛影响[28]。

第三阶段：智慧城市大数据阶段（2010—2015 年），不断扩张的智能设备与普适计算带来了信息的指数增长，由此产生了城市大数据和开放数据。全球著名的麦肯锡咨询公司（McKinsey & Company）在其 2011 年的一份研究报告中曾将大数据描述为"创新，竞争和生产力的下一个前沿"[29]。由于城市生活的方方面面都产生了相应的数据，"智慧城市"相关的学术研究激增，尤其是数据集成、知识挖掘、网络分析等和城市数据紧密相关的应用分析研究领域[30]。与此同时，开放数据运动（Open Data Movement）也在全球范围开始兴起。为了提高政府的透明度并鼓励公众参与，美国（2009 年）、英国（2010 年）、加拿大（2011 年）、新加坡（2011 年）等国家的城市逐步通过在线门户网站提供更多公开数据[31-34]。例如，纽约市在 2012 年通过了一项地方性法律，要求市政府的不同机构通过一个名为"纽约市开放数据（NYC Open Data）"的标准数字门户网站平台来公开市政数据[35]。这些公开数据包含了城市规划建设、政务管理、社区服务的方方面面，例如建筑物信息、土地使用开发、城市交通、公共空间、环境质量等方面的数据[36]。中国于 2012 年 11 月发布了《关于国家智慧城市试点暂行管理办法》，将智慧城市建设作为国家重要的战略发展方向，并于 2014 年 8 月发布了《关于促进智慧城市健康发展的指导意见》，指出了智慧城市发展的主要思路、原则、目标以及措施[13]。我国为加快形成智慧城市建设的标准体系和评价指标体系，2015 年 10 月还发布了《关于开展智慧城市标准体系和评价指标体系建设及应用实施的指导意见》[37]。

鉴于城市数据的数量、种类及其影响力的增加，城市领域的专家们提出了研究城市信息基础设施与相关数字生态系统规范的重要性，以及建立以服务市民为核心宗旨的信息智能的必要性[38,39]。关注城市规划、社会学和经济学的学者们进一步提出一个更加重大而长远的问题，即如何合理利用城市大数据并且确保其产生积极的社会影响[40-42]。而随着越来越多的智慧城市方案的出现，人们对这些新技术是否真的能够改善人居环境与城市生活也提出了质疑[27,43]。城市系统与数据信息的不断联结带来了新的治理问题，一些城市政府已开展制定总体规划或指导方针，以规范智慧城市的产业开发与相关大数据的合理使用[44,45]。2014 年，中国国家发展和改革委员会（简称"发改委"）等八部委联合发布的《关于促进智慧城市健康发展的指导意见》中，将智慧城市定义为"利用物联网、云计算、大数据、空间地理信息集成等新一代信息技术，促进城市规划、建设、管理和服务智慧化的新理念和新模式"[46]。同年，英国标准协会（British Standards Institute）将智慧城市定义为"建立建筑环境中物理、数字和人类系统的有效整合，为居民创造可持续、繁荣和包容的未来"[47]。从上可见，在此阶段智慧城市的内涵与范畴逐渐得到多国家的广泛认定。

第四阶段：智慧城市的成熟与更新阶段（2015 年至今），通过大数据分析和人工智能（Artificial Intelligence，A.I.）对城市系统的介入，智慧城市在技术上已部分实现了人居环境、基础设施、能源资源、公共服务与社会活动的互联互通，并引起了科技企业、学术机构、政府与公共组织的广泛关注[27]。2015 年，美国奥巴马政府发起了一项投资额超过 1.6 亿美元的"智联社区"计划，旨在利用信息科技来"帮助当地社区应对关键挑战，例如减少交通拥堵、打击犯罪、促进经济增长、应对气候变化带来的影响，并改善城市服务水平"[48]。同年，谷歌的母公司 Alphabet 宣布在纽约市成立一个城市科技创新研发机构——Sidewalk Labs，该机构关注如何利用数字信息结合新技术来改善交通、通信、能源、住房等城市问题，从而实现利用科技创造未来美好人居的愿景[49]（图 1-2）。

图 1-2　Sidewalk Labs 对多伦多 Quayside 智联社区的开发设想
（图片资料来源：Sidewalk Labs）

针对信息技术对城市系统的重大影响，美国环境研究与教育咨询委员会（The U.S. Advisory Committee for Environmental Research and Education，

ACERE）于 2015 年发布了一项研究报告，将城市系统定义为"人类活动和互动高度集中的地理区域，代表了影响人类和地球健康的多尺度相互依赖、跨越空间和时间尺度的社会-工程-自然系统"[50]。2016 年，美国国家科学基金会（National Science Foundation，NSF）宣布启动"智联社区"（Smart & Connected Communities）的研究项目，旨在促进多学科交叉研究对未来城市系统，尤其是社区尺度复杂系统的科学理解与技术探索[51]。2018 年，ACERE 再次阐明将信息技术、城市科学、规划设计和可持续发展联系起来的长期研究议程，提出了"跨界城市系统"（Trans-boundary Urban Systems）的设想[52]。与此同时，在中国亦有专家学者在智慧城市的基础上提出了"城市大脑"的设想。2020 年 12 月，中国科学院虚拟经济与数据科学研究中心等多家科研机构联合发布了《城市大脑全球标准研究报告》，对互联网大脑模型理论及相应的城市大脑标准进行了详细的阐述[53]。

虽然智慧城市的理论研究和产业开发在近几年取得了长足的发展，仍亟需在未来实现智慧城市的学术科研、政策战略、产业开发、行动落实等多角度有效的联动。针对智慧城市发展策略，国际管理咨询公司罗兰·贝格（Roland Berger）开展了一项对全球智慧城市进展的跟踪调研，并于 2017 年和 2019 年分别发布了第一期和第二期"智慧城市战略指数"研究报告。2019 年的调研报告显示，全球目前共有约 153 个城市颁布了智慧城市官方战略，虽与两年前相比有大幅度的增加，但在全球大约 500 个人口超过 100 万的城市中，仅有 49 个城市已出台官方的智慧城市发展战略[54]。该研究还基于战略规划、基础设施与政策、行动范围三个维度以及各维度下的多个因素①对不同城市的智慧城市战略发展进行了量化评估。结果表明，如何将顶层设计的发展战略落实到具体行动之中仍然是大多数城市所面临的困境，而在具体行动范围中"建筑"与"医疗健康"是目前指标垫底的两个方面。以上结论表明，未来智慧城市的开发需要联合多学科的研究实践，并实现城市系统在物质层面、信息层面以及由人主导的社会层面的相互联动。2020 年至今，全球新冠肺炎疫情的出现亦对智慧城市的理论和实践提出了新的挑战。一方面，基于智慧城市的多种信息技术在疫情防控和管理方面发挥了巨大作用；另一方面，在疫情背景下的智慧城市治理也引发了涉及信息壁垒、科技伦理争议、算法可靠性以及科技社会公平性等诸多问题。本书的第 9 章将对此

---

① 其中"战略规划"包括了预算（资金）、规划（时间规划、量化目标）、协调（执行优先级、行政协调）、利益相关方（市民接受度、合作）；"基础设施与政策"包括了基础设施（开放数据、高速互联网、互联技术）、政策与法律框架（法律法规、创新与财政支持、IT 与数据安全）；"行动范围"包括了建筑（互联设施管理、智能家居、智能施工）、能源与环境（智能能源管理、智能水资源管理、智能废弃物管理）、出行（智能交通管理系统、公共交通智能服务、智慧城市物流）、教育（城市教育平台、数字化学习模式、数字化技能）、医疗健康（综合健康信息系统、辅助设施、远程医疗）、政府管理（电子政务、数字化公共行政管理、公民安全）[54]。

问题展开详细论述。

关于中国智慧城市的发展，中国信息通信研究院在《新型智慧城市发展研究报告》中总结了我国智慧城市建设的三个阶段：第一阶段（2008—2012年）主要是在各领域引入智慧城市的概念，推进行业的数字化智能化改造；第二阶段（2012—2015年）主要是在多部门的协调下展开智慧城市的试点开发；第三阶段（2016年至今）主要是开展智慧城市的发展理念、实施路径、治理模式等方面的落实与推进[55]。透过以上不同的发展阶段，可以得出"智慧城市"的实质体现在城市基础设施的信息化、城市运营的数字化、城市生活的网络化、城市治理的智能化等多方面的城市发展趋势。在智慧城市的开发过程中，对于城市系统的规划设计、城市政策和治理模式、城市商业开发、城市理论研究等也在政府、研究机构、企业和公众多方的推动中不断地演进。

智慧城市的技术难题

以上对智慧城市发展脉络的梳理表明，目前智慧城市已有相对明确的技术路径和产业支撑，曾经的一些设想不再是流于纸面的概念，而是已逐步通过城市数字基础设施和商品化的信息技术产品使智联社区成为现实。然而如上文所述，智慧城市的合理开发仍然面临着诸多技术难题，我们需要对城市复杂系统有更加全面、可量化和可验证的科学理解。在理想的情况下，强大的数据集成可以生成复杂的策略以解决涉及可持续性、宜居性和社会经济发展的多维且相互关联的问题。通过此类计算分析的过程，我们可将不同的数据融合并转化为对规划、设计、管理有指导意义的量化指标[56]。然而，现实世界中的城市是广阔的、分散的、多样化的，城市问题也大多基于具体的环境、历史、社会、政治与经济因素。

随着智慧城市项目的不断开展，城市研究的专业人士，尤其是城市规划、计算机科学、统计学、信息管理学等多个领域的学者开始关注城市数据自身的独特性以及相应的研究方法。针对此问题，芝加哥大学于2017年4月举办了第一届城市数据科学研讨会，与来自政府机构、高等教育院校、非营利组织和产业私营企业的112位专家一起讨论了数据科学在未来城市研究和开发产业中的作用。研讨结论认为，"一个完整一致的城市数据科学分析框架远远落后于城市数据快速的增长速度"[55]。因此，针对快速增长的城市数据需要从数据科学和城市科学的角度对其收集、分析、应用等方面进行深入的研究。

作者认为，当前城市数据科学的特殊难题主要体现在四个层面。首先，在抽象概念层面上，城市作为一个复杂系统，不同的学科在如何界定城市系统的问题上仍缺乏一致的认识，这就需要有能将城市具体现实问题转化为复杂系统理解的城市科学研究。海量的城市数据种类繁多，涉及的技术领域与管理环境也十分复杂，尤其是数据安全问题受到各国的普遍关注，这些因素都为合理利用城市大数据带来了挑战，更进一步限制了我们对城市复杂系统的科学理解。其次，虽然近年来许多城市研究开始采用大数据和机器学习等技术，但仍缺乏大规模跨城市的研究来论证此类计算和分析方法的可推广性（Scalability）与可重现性（Reproducibility）。再次，目前许多城市数据研究处于前沿学术论证阶段，仍需大量的可行性论证与产学研合作模式的创新实践，才能将科学研究落地到城市环境之中并解决实际问题。最后，城市数据与信息技术仍缺乏数据集成和组织协同的合作框架，因而阻碍了由多个单一数据整合成多源复杂信息情报的过程。

由于以上的技术难题和研究瓶颈，目前基于数据科学的城市智能系统的研究仍处于起步阶段，亟需在未来对城市数据驱动的决策支持、实时监测、信息共享、智能管理系统等方面进行更深入的技术开发和应用验证。对于先前的智慧城市实际项目，尽管其理念和初衷遵从了智慧城市的发展原则，但实际上大多数项目仅关注于某个单一产业，最终的成果与其起初勾画的宏观愿景有所出入。

智慧城市的应有反思

智慧城市的美好愿景、城市数据的高速增长、城市科技的不断涌现、随之而来的社会问题与技术难题引发了城市领域学者对于先前智慧城市开发模式的反思。2012年，著名城市研究学者、伦敦大学学院教授迈克尔·巴蒂（Michael Batty）在《环境与规划B：规划与设计》（Environment and Planning B: Planning and Design）发表社论《智慧城市，大数据》（Smart cities, Big data）并指出"智慧城市和大数据可能是当下的热门话题，但城市如何连接、如何产生新的数据、数据如何推动用以理解城市的新理论和模型，以及如何在新理解的基础上利用策略和智能来规划城市——都是有待探讨的关键问题"[40]。安东尼·M·汤森（Anthony M. Townsend）于2013年发表著作《智慧城市：大数据、公民黑客和对新乌托邦的探索》（Big Data, Civic Hackers, and the Quest for a New Utopia），从城市历史演进的角度全面审视了改变城市的信息技术、人文思潮以及历史事件[41]。汤森认为，自19世纪的工业大都市发展到现今超大城市的过程中，不断出现了新的技术发明以应对不断扩大的人居规模及其所带来的复杂挑战。政府机构、科技公司、社区公众等多方以不同形式参与到智慧城市的规划、设计、开发、治理的过程中，这虽然为未来城市建设和社区发展带来了新的愿景与动力，但同时也加深了城市问题的复杂性。本·格林（Ben Green）于

2019 年在其著作《足够智慧的城市：利用技术重塑我们的城市未来》（*The Smart Enough City：Putting Technology in Its Place to Reclaim Our Urban Future*）中亦指出，不应完全通过技术的角度来看待一座城市。对城市生活采取完全技术性的观察角度将导致城市看起来很聪明，但在表面之下却充斥着不公正和不平等。针对此问题，他建议城市努力做到"足够智慧"（smart-enough）就好，应该将技术作为一种强大的工具用以支持城市的规划、开发、管理，但不应将开发技术本身视为目的[57]。

鉴于以上的学术反思，作者认为，目前大多数智慧城市项目仍未能达到因地制宜、真正解决城市具体实际问题的效果，其中的原因之一是城市科技开发与实际需求之间的错位，这种科技开发未能有效地针对当地社区情况和居民实际需求的问题被概括为"社会-技术鸿沟"（Social-Technical gap）（图 1-3）[58]。智慧城市是由社会和科技共同推动的，智慧城市的实现依赖于科学技术的推动（Technology push），包括研究开发的新一代通信技术、智能产品、数字化基础设施等。与此同时，不断变化的社会需求会带来新的问题，从而拉动科技的开发与应用（Demand Pull）。理想状态下，源于社会的实际问题和基于科技的解决方案可以达成积极有效的联动，使智慧城市兼顾到社会与技术的两种属性。然而在大多数现实情况中，信息的不对称往往会形成技术和需求之间的错位，造成新技术未能针对实际问题或无法满足社会需求的现象。这种社会-技术鸿沟问题一方面源于城市系统自身的复杂性，另一方面是由大型科技公司垄断性智慧城市技术产品的开发模式造成的，例如项目数据的采集与技术开发过程缺乏对具体城市与社区情况的调研论证工作。而近 20 年来"智慧城市"的产业发展表明，单系统优化的发展策略将无法解决城市规划中所定义的复杂社会技术挑战和"棘手问题

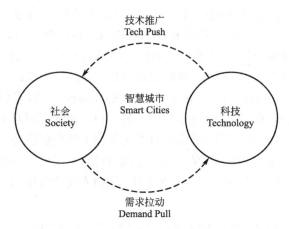

图 1-3 智慧城市开发中的"社会-技术鸿沟"问题

(Wicked Problems)"①。

智慧城市相应技术的产品商业化过程也带来了新的争议,其中一个重要议题是在收集、分析、应用城市大数据的过程中所遇到的伦理问题和城市计算技术所应承担的社会责任[59,60]。科技发展与社会问题间的脱节甚至冲突进一步引发了如何合理适当地开发智慧城市的重大辩论[43]。社会科学领域的学者认为智慧城市在某种程度上助长了新型的社团主义(Corporatism)[61],即城市开发只关注产业效能与经济利益,却忽视城市的社会性差异与历史人文背景[62]。针对这些问题,许多国家与具体城市已出现了新的城市发展战略以应对先前智慧城市开发的缺陷,提倡应将科技用在推动可持续发展与社会平等的社区项目,关注民生与城市公共服务,尤其是低收入社区与弱势群体的需求。例如,中国国家发展与改革委员会于2014年8月联合工业和信息化部、科学技术部、公安部、财政部、国土资源部、住房和城乡建设部、交通运输部共同发布了《关于促进智慧城市健康发展的指导意见》,提出智慧城市建设应以遵循"为民、便民、惠民"的基本原则推动城市管理和公共服务,积极发展民生服务并提升居民幸福感受[61]。新加坡政府于2016年发布了一项名为《研究、创新和企业2020年计划》的总体计划,该计划旨在推动未来科技投资以实现城市的可持续性、宜居性、新兴经济增长和社会公平性[63]。纽约市政府于2018年正式宣布成立了一个特别工作组,负责论证和监理市政管理与公共服务过程中自动决策和数据算法系统的公平性[64]。2021年9月1日起施行的中国《数据安全法》也规定,国家实施大数据战略,推进数据基础设施建设,鼓励和支持数据在各行业、各领域的创新应用,支持利用数据提升公共服务的智能化水平[65]。这些趋势显示了智慧城市开发作为未来城市规划过程的一部分,如何确保安全、正义、公平、可持续,并最终能改善生活质量和社会福利将会是未来理论研究和实践应用中的核心问题[66]。

此外,私营企业、非营利组织和社团机构也开始积极响应,并采取措施使数据的采集方式和商业应用目的更加透明化并遵从社会伦理。自2014年以来,全球最大数据和资讯媒体公司之一的彭博社(Bloomberg L. P.)每年会组织一个数据交流会议——Bloomberg Data for Good Exchange②,以探讨数据科学如何解决与社会福祉和公共利益相关的问题[67](图1-4)。通常,相对于政府公共机构和非营利组织,大型私营企业和科技公司拥有更加强大的数据资源、计算能力以及数据科学人才资源。因此,该会议的核心宗旨是通过在数据科学方面的资源和人才共享,推动数据科学在公共领域的研究和应用,从而实现"数据向善"的理念。

---

① 棘手问题(wicked problem)。Churchman, C. West. Wicked Problems [J]. Management Science, 14 (4): B-141-B-146.

② Data for good 可译作"数据向好"或"数据向善",表示数据的开发利用必须遵从社会伦理道德,并且应当服务社会公众利益。

图 1-4 2017 年彭博社 Data for Good Exchange 年会（左二为作者）

综上所述，近 20 年来的科技变革与社会科学对未来发展的反思共同推动了城市学科的变革。智慧城市的开发过程除了涉及信息技术、数据科学、计算分析等技术难题，实际项目的落地也面临着诸多社会-技术鸿沟和伦理争议。当城市不断发展而变得愈加复杂时，城市系统的集成功能与协调工作也变越来越重要，由此引发了对于城市复杂系统的科学理解和理论梳理。

参考文献

[1] Robinson R, et al. Street Computing: Towards an Integrated Open Data Application Programming Interface (API) for Cities [J]. Journal of Urban Technology, 2012, 12 (2): 1-23.

[2] United Nations Department of Economic and Social Affairs. 68% of the world population projected to live in urban areas by 2050, says UN [EB/OL]. https://www.un.org/development/desa/en/news/population/2018-revision-of-world-urbanization-prospects.html, 2018-05-16/2021-10-15.

[3] Norman B. Are autonomous cities our urban future [J]. Nature Communications, 2018, 9 (1): 1-3.

[4] United Nations. The Paris Agreement [EB/OL]. https://www.un.org/en/climatechange/paris-agreement, 2021-08-15.

[5] C40 Cities. C40 Cities [EB/OL]. https：//www.c40.org，2021-08-15.

[6] C40 Cities. Why Cities [EB/OL]. https：//www.c40.org/why_cities，2018-10-01.

[7] The World Bank. Mobile cellular subscriptions (per 100 people) [EB/OL]. https：//data.worldbank.org/indicator/IT.CEL.SETS.P2，2018-10-05.

[8] The World Bank. Fixed broadband subscriptions [EB/OL]. https：//data.worldbank.org/indicator/IT.NET.BBND，2018-10-05.

[9] 谭纵波. 城市规划 [M]. 北京：清华大学出版社，2005.

[10] 宋刚，唐蔷. 现代城市及其管理———类开放的复杂巨系统 [J]. 城市发展研究，2007，14（2）：66-70.

[11] 住房和城乡建设部. 国家智慧城市试点暂行管理办法 [R]. 北京：2012-11-22.

[12] 美国国家情报委员会. 全球趋势2030：变换的世界 [R]. 2012.

[13] 国家发展和改革委员会. 关于促进智慧城市健康发展的指导意见 [R]. 2014-08-27.

[14] 国际电信联盟智慧可持续城市焦点组. 智慧可持续城市焦点组 [EB/OL]. https：//www.itu.int/zh/ITU-T/focusgroups/ssc/Pages/default.aspx，2015-10-01/2021-08-09.

[15] UK Department for Business，Innovation & Skills. Smart Cities：Background Paper [EB/OL]. https：//assets.publishing.service.gov.uk/government/uploads/system/uploads/attachment_data/file/246019/bis-13-1209-smart-cities-background-paper-digital.pdf，2013-10/2021-08-09.

[16] 联合国. 人居三议题文件：21——智慧城市，联合国 [R] //联合国住房与城市可持续发展会议. 2015.

[17] 司晓，等. 智慧城市2.0：科技重塑城市未来 [M]. 北京：电子工业出版社，2018.

[18] Angelidou M. Smart cities：A conjuncture of four forces [J]. Cities，2015，47：95-106.

[19] Ishida T，Isbister K. Digital Cities：technologies，experiences，and future perspectives [M]. Springer Science & Business Media，2000.

[20] Zanella A，et al. Internet of things from smart cities [J]. IEEE Internet of Things Journal，2014，1（1）：22-32.

[21] Schuler D. Digital cities and digital citizens [C] //Digital Cities II：Computational and Sociological Approaches. Heidelberg：Berlin Springer Heidelberg，2002：71-85.

[22] Fitbit. About Fitbit [Z/OL]. https：//www.fitbit.com/about，2018-10-12.

[23] Wolf G. Know Thyself：Tracking Every Facet of Life，from Sleep to Mood to Pain，24/7/365 [OL]. Wired Magazine，2009-06-22/2007-10-15.

[24] IBM. IBM builds a smarter planet [Z/OL]. https：//www.ibm.com/smarterplanet/us/en/，2020-08-17.

[25] Colin H，et al. Foundations for smarter cities [J]. IBM Journal of research and development，2010，54（4）：1-16.

[26] Alessandro A，Cindio F. Augmented urban spaces：articulating the physical and electronic city [M]. Surrey，UK：Ashgate Publishing，2008.

[27] Harrison C，Donnelly I. A theory of smart cities [C] //The 55th Annual Meeting of the International Society for the Systems Sciences. Hull：The International Society for the Systems Sciences (ISSS)，2011.

[28] Gunilla B. Social and community informatics: humans on the net [M]. Routledge, 2007.

[29] Manyika J, et al. Big data: The next frontier for innovation, competition, and productivity [OL]. https://www.mckinsey.com/business-functions/digital-mckinsey/our-insights/big-data-the-next-frontier-for-innovation, 2011-05-01/2019-10-03.

[30] Cocchia A. Smart and digital city: A systematic literature review [C] //Dameri R, Rosenthal-Sabroux C. Smart City. Springer, 2014: 13-43.

[31] The White House Office of the Press Secretary. Memorandum - Transparency and Open Government [EB/OL]. https://obamawhitehouse.archives.gov/the-press-office/2015/11/16/memorandum-transparency-and-open-government, 2015-11-16/2018-08-19.

[32] Number10.gov.uk, One-stop shop for Government data launched [EB/OL]. http://webarchive.nationalarchives.gov.uk/20100202201223/, 2010-02-02/2018-08-19.

[33] Treasury Board of Canada Secretariat. Minister Day Launches Open Data Portal [EB/OL]. https://web.archive.org/web/20110706181845/http://www.tbs-sct.gc.ca/media/nr-cp/2011/0317a-eng.asp, 2011-07-06/2018-08-19.

[34] Data.gov.sg. About Us [EB/OL]. https://data.gov.sg/about, 2011.

[35] NYC Department of Information Technology & Telecommunications (DoITT). Open Data Law [Z/OL]. https://www1.nyc.gov/site/doitt/initiatives/open-data-law.page, 2018.

[36] The City of New York. Open Data NYC [Z/OL]. https://opendata.cityofnewyork.us/, 2018.

[37] 国家标准化管理委员会.《关于开展智慧城市标准体系和评价指标体系建设及应用实施的指导意见（国标委工二联〔2015〕64号）》[R]. 2015.

[38] Domingo A, et al. Public open sensor data: Revolutionizing smart cities [J]. IEEE Technology and Society Magazine, 2013, 32 (4): 50-56.

[39] Barns S. Smart cities and urban data platforms: Designing interfaces for smart governance [J]. City, Culture and Society, 2018, 12: 5-12.

[40] Batty M. Smart Cities, Big Data [J]. Environment and Planning B: Planning and Design, 2012, 39: 191-193.

[41] Townsend A. Smart cities: Big data, civic hackers, and the quest for a new utopia [M]. WW Norton & Company, 2013.

[42] Goldsmith S, Crawford S. The responsive city: Engaging communities through data-smart governance [M]. New York: John Wiley & Sons, 2014.

[43] Krivy M. Towards a critique of cybernetic urbanism: The smart city and the society of control [J]. Planning Theory, 2018, 17 (1): 8-30.

[44] Newton P. Liveable and sustainable? Socio-technical challenges for twenty-first-century cities [J]. Journal of Urban Technology, 2012, 19 (1): 81-102.

[45] Joss S, Cook M, Dayot Y. Smart cities: towards a new citizenship regime? A discourse analysis of the British smart city standard [J]. Journal of Urban Technology, 2017, 24 (4): 29-49.

[46] China National Development and Reform Commission. The Guidance on Promoting Healthy

Smart City Development [R]. http://www.sdpc.gov.cn/gzdt/201408/W020140829409970397055.pdf, 2014-08/2021-08-30.

[47] British Standards Institute. Smart Cities Framework: Guide to Establishing Strategies for Smart Cities and Communities [R]. 2014.

[48] The White House Office of the Press Secretary. Administration Announces New "Smart Cities" Initiative to Help Communities Tackle Local Challenges and Improve City Services [OL]. https://obamawhitehouse.archives.gov/the-press-office/2015/09/14/fa, 2015-09-14/2019-08-10.

[49] Sidewalk Labs. Sidewalk Labs [Z/OL]. https://www.sidewalklabs.com/, 2019-08-12/2019-08-12.

[50] Advisory Committee for Environmental Research and Education. America's Future: Environmental Research and Education for a Thriving Century [R]. https://www.nsf.gov/ere/ereweb/ac-ere/ac-ere_thriving_century.pdf, 2015.

[51] National Science Foundation. Smart & Connected Communities: A Vision for the 21st Century [Z/OL]. https://www.nsf.gov/pubs/2016/nsf16610/nsf16610.htm, 2016-06-10/2019-10-02.

[52] Ramaswami A, et al. Sustainable Urban Systems: Articulating a Long-Term Convergence Research Agenda [R]. The U.S. Advisory Committee for Environmental Research and Education (ACERE), 2018.

[53] 计红梅.《城市大脑全球标准研究报告》在京发布 [Z/OL]. http://news.sciencenet.cn/htmlnews/2020/12/450848.shtm, 科学网, 2020-12-24/2021-04-09.

[54] Roland Berger. 智慧城市战略指数 [R]. 北京: 2019.

[55] University of Chicago. Convening on Urban Data Science Workshop Summary [R]. Chicago Innovation Exchange, Chicago: 2017.

[56] McAfee A, Brynjolfsson E. Big Data: The Management Revolution [J]. Harvard Business Review, 2012, 90 (10): 60-68.

[57] Green B. The Smart Enough City: Putting Technology in Its Place to Reclaim Our Urban Future [M]. MIT Press, Cambridge: 2019.

[58] Claeys L, Criel J. Future Living in a Participatory Way [C] //Virtual Communities: Concepts, Methodologies, Tools and Applications. IGI Global, 2011: 1702-1719.

[59] Catlett C, Ghani R. Big Data for social good [J]. Big Data, 2015, 3 (1): 1-2.

[60] Glaeser E, et al. Big data and big cities: The promises and limitations of improved measures of urban life [J]. The National Bureau of Economic Research: Economic Inquiry, 2018, 56 (1): 114-137.

[61] Wiig A. IBM's smart city as techno-utopian policy mobility [J]. City, 2015, 19 (2): 258-273.

[62] Marcuse P. The city as perverse metaphor [J]. City, 2005, 9 (2): 247-254.

[63] Singapore National Research Foundation. Research, Innovation and Enterprise 2020 Plan: Winning the Future through Science and Technology [R]. 2016.

[64] The City of New York. Mayor de Blasio Announces First-In-Nation Task Force To Examine Automated Decision Systems Used By The City [OL]. https：//www1. nyc. gov/office-of-the-mayor/news/251-18/mayor-de-blasio-first-in-nation-task-force-examine-automated-dec，2018-05-16/2019-10-03.

[65] 全国人民代表大会.《中华人民共和国数据安全法》[EB/OL]. http：//www. npc. gov. cn/npc/c30834/202106/7c9af12f51334a73b56d7938f99a788a. shtml，2021-06-10/2021-08-31.

[66] Kontokosta C. Urban informatics for social good：definitions，tensions，and challenges [C] //The 2nd International Workshop on Science of Smart City Operations and Platforms Engineering. 2017.

[67] Mann G，Sahuguet A. With great data comes great responsibility：How data science can be applied to solve public interest problems without losing its soul [J]. Journal of Technology in Human Services，2018，36（1）：1-7.

第 2 章 城市科学的梳理

本章梳理了 20 世纪 40 年代以来城市系统理论的发展脉络与学术观点,并进一步阐明了城市系统的理论概念与复杂性。在系统科学的发展历程中,不同专业学科曾将城市作为复杂系统来进行定义和研究。在庞大复杂的理论体系中有三个重要的理论,即系统体系理论(System of Systems)、系统动力理论(System Dynamics)和社会-技术系统理论(Social-Technical System),对当代智慧城市开发与城市科学研究具有重要贡献和参考意义。

城市系统理论的脉络

系统科学（System Science）是一门以系统学、信息学、控制论为基础，研究复杂系统的结构、发展、演变、行为的学科[1]。20世纪40年代，系统理论的创始人之一，生物学家路德维希冯·贝塔兰（Ludwig von Bertalany）将系统定义为"自主控制却又相互依存的各个部分组成，这些部分通过交互协作而达成特定的整体性目的"[2]。20世纪40年代后期，美国数学家诺伯特·维纳（Norbert Wiener）提出了控制论的概念，进一步阐述了系统的构成与运行原理。控制论（Cybernetics）的词源来自于希腊语kybernetes，意为操纵、驾驶或统治。自维纳1948年出版理论著作《控制论》（*Cybernetics*）以来，"控制论"已成为专业术语，通常指对人机系统（人与机器，包括计算机）中的控制或调节机制进行科学研究的理论依据。控制论为定义智能系统提供了第一要义，即"自然或人工的智能控制系统的运行都基于反馈机制"[3]。以上的这些研究共同激发了之后学者对复杂控制系统、自动化、人工智能等领域的探索性研究。

与此同时，来自于经济学、地理学、社会学等学科的研究学者，包括经济学家奥古斯特·洛施（August Lösch）、地理学家沃尔特·克里斯塔勒（Walther Christaller）和艾伦·普雷德（Allan Pred）、社会学家阿莫斯·霍利（Amos H. Hawley）等也相继提出了将城市作为科学研究本体的想法[4]。以上学者在研究初期主要关注大都市地区的"抽象逻辑结构"（Abstract Logical Constructs），即基于经济学、地理学和社会学的理论原理。他们试图利用概念示意图或模型抽象化地概括城市中的普遍规律[5]，包括位序—规模法则（Rank-size Rules）[6]、空间经济学原理[7]和中心地学论（Central Place Theory）[8]。这些研究在尺度上来看属于区域研究科学，通常将城市视为以人类生产和消费为中心，其他各种活动相互依存的地理范围领域[9]。

1960年以来，在城市规划领域出现了多个城市大型住房开发项目，例如以Pruitt Igoe为代表的公共住房和廉租房项目。这些项目意图展现美好的人居愿景和理性的城市设计理念，但最终由于缺乏合理的居住尺度和社会文化因素考量而宣告失败[10]。此类城市开发项目的尝试与争议引发了学者们对勒·柯布西耶①（Le Corbusier）将城市视作"机械文明的表达"这一理念的讨论。建筑师、规划师和社会学家开始反思，提出未来设计规划不应仅仅是由新型建筑技术主导且完全依赖于汽车交通的城市生活[11]。这些讨论更进一步引发了新城市主义（New

---

① 勒·柯布西耶（1887—1965），瑞士—法国籍建筑师、设计师、画家、城市规划师、作家，是定义现代建筑的最具影响力的思想家之一。

Urbanism)、精明增长（Smart Growth）、参与式规划（Participatory Planning）和景观城市主义（Landscape Urbanism）等一系列理论与模式探索，试图更深入地理解城市系统中复杂的物理-生态-社会-经济等因素的相互作用。然而，也有学者认为此类研究大多是基于观察和推测的经验总结，缺乏系统全面的科学试验和通过可证伪性（Falsifiability）得出的科学结论[12]。

来到20世纪60年代，许多城市问题已无法单独依靠传统建筑设计和城市规划实践来解决，科技的飞速发展也为利用先进科学和工程技术来改善城市生活提供了可能性[13]。1963年，美国国家航空航天局（National Aeronautics and Space Administration，NASA）和福特基金会（Ford Foundation）联合举办了一场名为"太空、科学与城市生活"（Space, Science, and Urban Life）的会议，邀请多学科的专家共同探讨系统工程和信息技术如何解决城市问题。美国宇航局局长詹姆斯·韦伯（James Webb）在会议上总结道："如果我们已经能够利用先进的科学技术来解决三名宇航员在太空中遇到的饮水、空气和排污处理等问题，这些技术对解决城市问题应该能提供许多可借鉴的知识与经验"[1]。这样的想法促进了系统工程、运筹学、管理科学领域的学者加入城市系统的研究，而其中的三个重要理论，即系统体系理论（System of Systems）、系统动力学理论（System Dynamics）和社会技术系统理论（Social-Technical System）奠定了当代智能城市系统研究的理论基础，并进一步阐明了城市系统的理论概念及其复杂性。

系统工程学的研究表明，城市是复杂的系统体系（System of Systems，SoS）。在抽象层面上，城市是由多个相对独立又互相关联的子系统构成的。图2-1说明了城市系统体系是由物理系统（Physical System）、生态系统（Ecological System）、社会系统（Social System）、经济系统（Economic System）、政治系统（Political System）和技术系统（Technological System）等多个子系统组成的概念示意。根据Maier的理论，城市作为系统体系，由"一组独立且异构的子系统组成，各个子系统具有自己的目的，并通过相互协作来实现共同的目标"[14]。系统体系通常有三个特征：①系统体系中存在有各自相对独立的子系统（Sub-System）；②子系统之间的交互机制；③不同于单个子系统内部，以全局角度来定义系统体系成功的总体目的。理想状态下，城市系统的子系统应相互沟通达到整体优化，以便应对城市挑战。然而实际上，子系统的运行管理通常取决于其各自特定的功能，而缺乏系统体系层面的沟通协调[15]。这就需要利用信息技术，通过有效的通信、数据集成、实时协作来协调子系统，从而在保持子系统级别自主权的同时，达到优化整体系统体系的结果。来自于系统工程学以及其他领域的科学家也提出了与系统体系相关的理论，例如钱学森曾于20世纪90年代提出了"开放复杂巨系统"（Open Complex Giant System）的概念，并指出由人类社会形成的城市也是开放复杂巨系统的一种[16]。

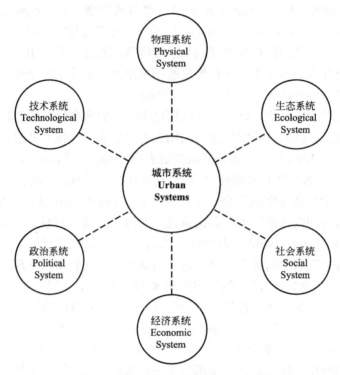

图 2-1 城市系统体系结构概念示意图

自 20 世纪 50 年代以来，美国管理学与系统科学家杰·弗瑞斯特（Jay Wright Forrester）创建了系统动力学（System Dynamics）的研究领域，旨在理解"复杂系统中的反馈回路机制以及相应的动态行为"[17]。反馈回路（Feedback Loop）是指由"流速"（Flow Rate）和"水平状态"（Level）两种变量控制的复杂系统基本构建模块。流速变量代表系统的变化，而级别变量则描述系统的状态，即通过向内和向外流动积累的状态。基于以上概念，系统分析是将系统的基本要素映射到可进行实验操作的数学分析表示中，并进一步分析复杂系统的组织和行为的设计过程。系统动力学理论从管理科学的角度进一步揭示了城市是复杂的动态系统。而在弗瑞斯特后来的研究中，他将系统动力学理论扩展到城市动力学（Urban Dynamics），关注于探讨城市作为复杂系统如何在特定且有序的结构内执行反馈回路机制[18]。

图 2-2 概括了城市动力系统的概念，如图中虚线圆圈所示，城市子系统并非是封闭的，而是开放和相互依存的。实线箭头代表了跨边界的相互作用来协调人类生产消费、自然资源、和经济生产之间的关系[19]。这种相互作用形成了一系列的反馈回路，从而成为城市复杂系统行为的主要机制（即动力）。由于这种相互依存和反馈的作用，城市系统的行为往往是动态的、非线性的、多变的、违反

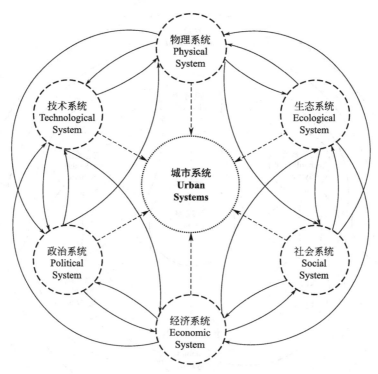

图 2-2 城市系统动力学原理示意图

直觉的。复杂系统的变化通常会导致与长期效应相反的短期响应，因此这种动态变化往往会使我们难以做出正确的决定或预测。因此，对于基础设施工程师、规划师、城市管理机构和政策制定者而言，如何充分考虑城市系统长期的整体目标，同时合理应对系统产生的短期响应，是一项充满挑战的决策难题。

从技术发展及社会影响力的研究角度来看，城市是社会技术系统（Socio-Technical Systems）。1950 年，英国塔维斯托克研究所（Tavistock Institute）提出了"社会-技术系统"的概念，即"人类社会适应生产的组织结构和技术框架"[20,21]。而后续的研究在城市领域扩展了此概念，进一步将城市定义为"提供满足既定需求或目标，结合人、产品和生产过程的综合体"[22]。英国城市空间理论学家比尔·希勒（Bill Hillier）也提出了类似的观点，认为城市是由物理技术组成部分（建筑物、街道、基础设施）和人文社会组成部分（人口流动、社交互动、经济生产活动）及以上两种组成部分相互作用（通勤距离、房地产市场、社区文化）构成的社会技术系统[23]。示意图 2-3 概括了城市社会-技术系统。宏观和长期的层面上，社会因素和技术因素都在推动城市系统的运转。改善城市系统的干预措施既会涉及技术方面，也会涉及社会层面，并往往会彼此相互作用从而产生更深远的改变，即技术变革带来的社会影响。

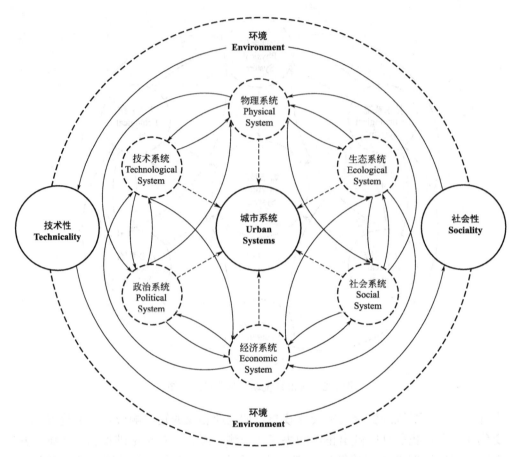

图 2-3 城市社会-技术系统概念示意图

社会技术系统研究表明,城市中的许多现象和问题都是由社会技术因素互动而造成的。城市的发展不仅由科学技术所推动,同时也依赖于具体城市独特的历史背景、社会经济、治理政策以及整体环境中的不确定性(例如自然灾害或战争)。1967 年,查尔斯·韦斯特·丘奇曼(Charles West Churchman)在《管理科学期刊》中提出了"棘手问题[①]"(Wicked Problem)的概念,特指由于多种因素动态相互作用而造成无最优解的难题。针对城市规划理论中界定的城市棘手问题,仅仅靠技术改进或效率优化是无法实质性解决问题的,需要在经济公平、社会正义和环境可持续等多方面进行深思熟虑的考量。因此,城市需要通过社会-技术系统设计(Socio-Technical Systems Design,STSD)的方法来构建和治理综合了人、社会、组织的复杂城市系统[24]。

---

① 或译作"抗解问题"。

20 世纪 60 年代，美国城市研究学者以及社会活动家简·雅各布（Jane Jacobs）通过对纽约曼哈顿哈德逊街道（Hudson Street）行人活动的观察，以"日常的芭蕾"（the ballet of daily）的比喻来描述现实世界中城市的复杂性①："城市问题中充满了有组织的复杂性，这其中的变量虽然很多，但并不是杂乱无章的，而是相互联系，从而形成了一个有机的整体"[25]。雅各布认为，城市作为一个有机的整体，表面看似混乱，实际是由多种因素有规律地共同作用和相互影响的，即城市内部存在着一种"有组织的复杂性"（Organized Complexity）。从城市系统体系和系统动力学的角度来看，这种复杂性是由城市系统的各个子系统之间反馈回路长期迭代过程形成的。

城市系统的相关理论表明，城市在概念层面上是具有动态行为的、复杂的社会技术系统体系，不同的城市具有其独特的地理、生态、政治、文化和经济背景[26]。由于先前的计算能力和数据资源有限，大多数的理论概念模型并没有通过真实世界的数据进行验证，因此有很大的局限。许多对城市系统的论述是抽象和相对静态的，并没有考虑不同尺度和时空维度中的复杂性，因此研究的成果无法落地于真实的城市场景。同样地，由于缺乏现实世界数据分析的支撑，城市动力学理论过于简单和抽象，很难去指导城市的规划、设计、决策等实际具体问题。综上所述，以往在研究城市系统时，往往面临三个障碍：①实际数据的缺乏限制了城市系统或子系统组成部分的客观度量；②计算能力限制了高维度动态交互中的定量分析；③缺乏信息技术来促进改善城市系统的实际干预措施。自 21 世纪以来，信息通信技术在城市中的快速发展，特别是"智慧城市"的愿景为将城市系统理论、城市数据与实际问题相联系提供了可能性，也为城市科学的兴起提供了前提条件。

城市科学的演进

随着信息技术的迅猛发展，与城市相关的科学研究也不断地兴起，并涌现了"智慧城市""数字城市""城市智能""城市科学"等一系列尚未形成统一定义的术语。从词源上讲，"科学"一词源自于拉丁语"sciens"和"scientia"，意为"了解，理解"和"知识，智慧"。历史上，科学的概念最初是自然哲学（Philosophy of Nature）的分支，后来发展成为关注研究自然界的学科。因此，科学是由哲学驱动的、运用严谨的方法来帮助我们更好地认识世界的知识体系与实践方

---

① "Cities happen to be problems in organized complexity... the variables are many, but they are not helter-skelter; they are interrelated into an organic whole"[25].

法。鉴于此，科学理论是基于可验证性与可证伪性之间的不对称，从而产生可通用陈述的逻辑形式。科学理论在一定的时间和空间范围内为我们提供了普遍知识和自然法则。

了解新科学如何出现对于梳理"城市科学"的含义具有重要意义。从认识论的角度来看，一门新科学定义了一个包含有独特的概念、理论、方法、标准的新范式（paradigm）。1962年，美国哲学家托马斯·库恩（Thomas Kuhn）在其论著《科学革命的结构》（*The Structure of Scientific Revolutions*）中提出了"范式"的概念，指代科学研究所基于的理念基础和实践方法规范[27]。科学进步和技术革命通常是基于先前的范式的划分与重组，或是突破原先范式的创新。而应用科学（Applied Science）作为一门科学学科，其重点任务是将自然基础科学的知识发现开发为现实世界中的实际应用。例如，工程和医学等应用科学将自然与人类联系起来，并将理论知识转化为应用技术，在很大程度上促进了现代人类社会的繁荣发展。

另外，受自然科学和现实社会问题的启发，社会科学（Social Science）起源于17世纪50年代的启蒙运动时期。当时的学者们开始使用数学和统计学等科学方法，并结合一定程度的经验主义来系统性地研究人类社会。到了20世纪末，社会科学家也开始借鉴自然科学的研究方法来设计开展实验和实证检验。城市作为人类文明的集合体，在历史中不断地受到自然（自然灾害和气候变化）与人类（经济、文化、政治）的影响，因此城市科学也是自然科学与人文社会科学的结合。城市科学的独特性在于它介乎于自然科学、应用科学、社会科学之间，为城市规划、开发、设计、管理的研究和实践提供了依据。

近年来，城市科学的兴起与科学范式的发展有着紧密的联系。2007年，著名数据科学家、图灵奖得主吉姆·格雷（Jim Gray）在计算机科学与通信全国研究大会上发表了题为《科学方法的革命》的重要讲话，提出了"科学的四次范式发展"的概念[28]。针对此概念，微软研究院（Microsoft Research，MSR）随后于2009年发表了《第四次范式：数据密集型的科学发现》（*The fourth paradigm: Data-intensive scientific discovery*）一书，进一步梳理了科学范式的发展脉络，并阐述了数据驱动的第四次科学范式[29]。图2-4概括了科学的四次范式演进。17世纪前，科学研究依赖于通过观察、观测、实验和经验总结来认识自然现象与规律，这奠定了科学研究的第一范式，即经验科学或称实证科学（Empirical Science）。17世纪到20世纪中叶，逐渐产生了理论科学（Theoretical Science），通过数学模型、物理原理、力学、热力学等来概括自然现象。20世纪中叶到20世纪末，随着计算机技术的普及，计算科学（Computational Science）作为科学研究的第三范式得到了快速的发展，利用计算机模拟复杂的自然或社会现象，例如基于密度函数理论（Density Functional Theory）的分子动力学以及基于概率统计和计算机模拟的蒙特卡洛方法（Monte Carlo Method）。21世纪以来，芯片技术的发展为大范围使用传感器、智能设备和物联网提供了可能性，而云计算和计算能力的开发亦为实现普适计算（Ubiquitous Computing）创造了条件。大量真实世界数据的出现带来了科学的第四次范式演进，即数据驱动的科学范式（Data-driven Science），包括利用大数据（Big Data）进行统计学习、机器学习、数据挖掘、自动识别与预测，以及基于上述方法的人工智能（Artificial Intelligence）的应用开发。

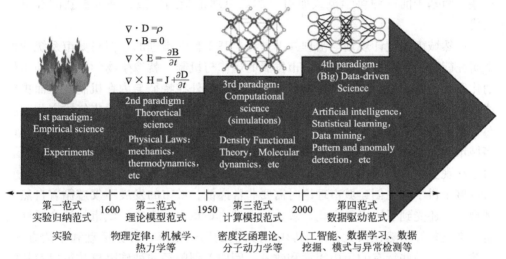

图2-4 科学的四次范式递进（图片资料来源：Schleder, G. R., Padilha, A. C., Acosta, C. M., Costa, M., & Fazzio, A.（2019）. From DFT to machine learning: recent approaches to materials science-a review. Journal of Physics: Materials, 2（3），032001.）

需要重点强调的是，科学的四次范式演进是一个递进叠加的过程，而不是新范式取代旧范式的过程。虽然近年来涌现了大量数据驱动的科学研究，但这并不影响先前的三种科学范式的合理性，因此也会有不限于单一范式的研究出现。以上的科学范式演进也出现在与城市相关的研究实践之中，越来越多的城市研究开始利用数据进一步认识城市中的复杂问题。虽然科学范式是不断演进的，科学理论的有效性往往会局限于一定的时间和空间条件，先前的理论也会随着问题复杂性的提高而不断被再次检验与挑战。

城市作为人类聚集的本体，其动态复杂性及驱动力源于三个基本要素，即人、自然、居住。当科学范式不断演进时，我们对人（例如人类基因工程、生物医学）、自然（例如天体物理、地球学、生态学）以及居住（例如社会科学与工程学）中的复杂性在不断加深认识。澳大利亚城市规划学者芭芭拉·诺曼（Barbara Norman)在《自然-通信》杂志发表的《自动城市是我们的城市未来吗》一文中提到:"随着到 2050 年全球人口接近 100 亿,其中的大部分将是城市人口,我们的城市已经面临健康、气候变化、社会正义、城市治理等挑战,这些压力可能会继续增加,亟需能融入城市规划、设计、管理等多种方式的城市科学与激活城市未来发展的系统方法[30]。"而在数据驱动的科学范式中,科学技术的开发应用又更进一步地增加了城市作为"社会-技术"系统在其结构、组织以及更多因素间的相互作用,造成了城市复杂性的几何级增长。不断增长的复杂性可能会使一些先前基于前三种科学范式而得出的城市理论受到挑战、甚至被新的理论所取代。

  虽然城市的设计规划与治理并不是纯粹基于科学推理的,但对城市系统的科学研究能帮助我们更好地理解城市发展的规律与机制。就像生物学家研究动物的消化系统一样,城市科学家需要仔细研究城市的外在特征与内在机制,从而更加清晰地了解城市能源消耗、可持续的新陈代谢以及如何在未来适应气候变化和应对自然灾害的挑战。这种带有普遍性的城市科学理论研究具有重要价值,因为许多城市都面临着能源消耗、水资源短缺、环境恶化、自然灾害频发等普遍问题。由于在现实中每个城市都不相同,很难用科学理论完美地对应实际的城市问题,所以城市科学家在创建城市理论时需要非常谨慎。城市的发展不仅遵循着自然客观规律,还受到了历史、文化、政治等人类主观意识的影响。城市的社会属性决定了文化差异仍然在很大程度上影响着人们的居住偏好、社会活动和生活方式。除此之外,一些特有的历史因素和政策,例如美国曾经的种族隔离政策以及持续的系统性种族歧视也会对城市产生深远的影响。

  城市在 20 世纪经历了由工业文明主导、建筑工程逐渐与社会管理学科融合的发展过程,这为人类社会创造了空前的经济繁荣,但也带来了长期的社会问题和环境隐患。自 21 世纪以来,信息技术和数据科学的高速发展将我们带入一个新时代。城市越来越受到数字技术的影响,海量的城市数据使我们能够以更科学的方法来研究城市现象,也随之涌现出了社会物理(Social Physics)、集群智能(Collective Intelligence)、数据驱动社会(Data driven Society)、可感知智能(Senseable Intelligence)等一系列新的城市研究主题。与传统自然科学相比,城市科学的显著特点是数据和研究并不局限于科研实验,而是存在于每个人的日常生活中。通过信息技术,人们越来越主动地与城市互动并参与城市复杂系统的运行。与此同时,城市大数据引发的"数据泛滥"问题也带来了新的技术难题与伦理争议。科学的第四范式,即数据驱动科学的到来对于城市科学来说意义重大,它为未来城市问题解决方案的研究提供了更多的可能性。我们相信,通过不断完善的方法和更加精确仔细的校准,城市复杂系统在未来能够具备更强的响应能力、更加可持续的发展模式以及更加完善的协作机制。

城市科学的研究分支

数据驱动的科学范式为更高效和智能的城市系统带来了技术上的可能。数据的指数增长促使了科学研究从经验—理论—计算到数据驱动的范式转变，在这一过程中出现的新数据和新技术共同推动了新的城市科学研究[29]。以往的传统城市研究分散在不同的专业学科，由此产生了不同的研究领域与分支。

城市计算（Urban Computing）起源于计算机科学领域，专注于城市数据的收集、计算与分析层面的技术挑战，尤其是城市系统中与交通、环境监测和通信网络相关的研究课题。2008年，微软研究院成立了一个城市计算课题小组，研究"由城市空间中各种来源，包括传感器、智能设备、车辆、建筑物和人居活动产生的数据，及其获取、整合和分析的方法，用以解决城市面临的重大问题"[31]。具体项目包括来自大型ICT基础设施系统的大数据处理和信息管理，跨领域城市多源数据集成，以及来自于新兴数据源，例如传感器、社交网络、新媒体、影像等数据的分析方法。具体而言，分布式计算和机器学习可针对不同的城市动态现象提供客观测量、经验证据和分析见解，包括：①通过庞大的电信网络或GPS数据来估算、可视化或模拟建模分析城市动态现象，比如城市交通或人口流动[32-35]；②预测由多维物理-生态-社会-经济因素共同驱动的城市现象，比如空气环境质量、生活质量、房地产需求等[36]；③研究城市系统运营中涉及的时空动态优化，对能源基础设施和交通网络情况的实时监测与优化调配。例如出租车GPS①传感器和手机信令能形成大范围的时空阵列数据，可用来观测城市交通活动情况[32,34,35]。郑宇等还提出了一种半监督学习方法，通过将北京和上海等城市的实时定点空气质量传感器数据与当地的建筑密度、街道网络、交通情况、兴趣点（POI②）数据相结合，用以估算城市中具体定点位置的空气质量（例如$PM_{2.5}$）[36]。

城市模型（Urban Modeling）利用计算模拟、统计验证、实证分析等方法来进行定量城市理论研究。狭义的城市模型着重于量化城市地理、形态、网络的特征，并以数学形式将城市作为"模型"进行抽象化研究，且无需在现实世界中进行实验比对论证。近年来，城市范围内产生的大数据和新数据亦为该领域提供了更多的研究资源。对此，英国城市研究学者迈克尔·巴蒂（Michael Batty）将城市建模的定义扩展为"将城市理论转化为数学模型的形式，开发相关的计算程序以建立逻辑关系，并将模型与真实数据相对应，以便对其进行校准和验证的过

---

① GPS：全球定位系统。

② 兴趣点（Point of interest，POI）指电子地图或导航系统中存储的具体坐标点，代表城市地标、旅游景点、机构、商业、交通节点以及公共设施等地点。

程"[37,38]。巴蒂同时认为，城市大数据对"大理论"的需求日益增长，强调理论对于数据计算和数据驱动研究设计具有重要指导作用[39]。由于在城市环境中几乎不可能在受控变量内进行严格意义上的实验观察，城市模型通过将抽象理论转化为可验证的形式，在联系理论与数据的方面发挥了关键作用。

需要明确的是，各个学科对于"模型"的定义有所差异，具体的城市模型也会因研究重点和定义方法而不同。从地理学的角度来看，空间模型（Spatial Model）用以表达人口流动性、商品移动性以及受城市形态（Urban Morphology）和地理距离影响的空间相互作用与联系[33]。此类研究的假设和结果解释往往与经典城市地理理论相吻合，例如巴蒂调查了城市中各区域的地理相互作用并论证了城市的空间动态遵循着"地理第一定律"[40]。而从经济学的角度来看，计量经济学模型（Econometrics Model）主要关注于量化估算、检验理论或评价涉及多种社会经济因素的政策实施情况与城市经济现象[40]。由于大多数城市数据是在非受控环境中生成的观测数据，计量经济学方法在定义适当的变量量化、模型规范、因果推论以及结果解释中起着关键作用。而从建筑与城市规划设计的角度来看，设计模型（design model）主要通过量化有关可持续性、经济效益和开发影响的性能指标来实现评估规划策略、设计方案、具体工程配置等目的[41]。

城市信息学（Urban Informatics）是近年来兴起的跨学科领域，关注城市范围中的信息管理、知识挖掘、应用分析、数据驱动决策与运营等问题[42-44]。图2-5的文氏图（Venn diagram）概括了城市信息学的主要知识结构，由计算、统计学和城市领域专业知识三部分构成。计算部分包括了数字化、大数据以及算法等技术，统计学部分包括了量化建模分析、假设验证、计算结果的解读和验证，城市领域专业部分则包括了城市规划原理、系统工程、城市经济学、城市设计、地理信息系统等与城市研究相关的具体领域专业知识。这三部分的两两交集形成了城市信息学下的不同研究分支，例如计算与城市领域知识交集形成的城市数据挖掘与管理、计算与统计交集形成的以机器学习为主要方法的城市研究、统计与城市专业领域交集的量化城市研究。

澳大利亚昆士兰科技大学于2006年成立了城市信息学研究实验室，成为首先关注该领域的研究机构之一[43]。2012年，纽约大学（NYU）成立了城市科学与发展中心（Center for Urban Science and Progress，CUSP），重点研究应用城市科学与信息学。NYU CUSP从以下四个方面总结了其对城市信息学的愿景和研究任务：①探索可在各个城市之间推广的科学方法，以便从不同尺度和维度观察、监测、分析复杂的城市现象。②使用真实世界的大数据来量化、测试、验证城市研究理论，尤其是先前基于小规模观测或是主观设定的城市设计原则、社会行为研究理论与城市经济理论。③利用机器学习等创新的计算分析技术进行城市中的模式发现、趋势检测、短期预测、长期评估。④创建有意义、实用且与公众互动感强的城

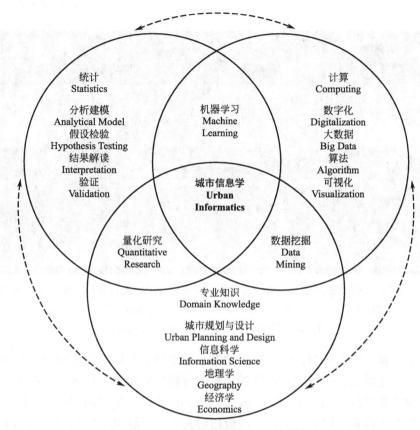

图 2-5 城市信息学的知识结构

市数据可视化界面，开展智能社区实验性项目。以纽约市作为测试平台，CUSP 的研究人员探索了利用科学方法来观察、监视和分析多尺度的城市现象。

对于城市信息学领域的出现，城市研究学者安东尼·汤森（Anthony Townsend）曾形容道"如果航空摄影向我们展示了城市的肌肉和骨骼结构，那么城市信息学的革命很可能揭示出城市的循环系统和神经系统"[45]。越来越多的数据源也使我们能够以高时空分辨率来观测城市系统，通过对多个城市的数据分析与横向比较来理解城市系统运行的本质规律。例如，通过对优步（Uber，全球最大的叫车服务与订餐平台之一）在全球多个城市叫车数据的可视化分析可以发现，城市虽然在空间形态上千差万别，但其内部的通勤行为模式是具有高度一致性和普遍规律的（图 2-6）。另一个与之相关的研究是结合城市社区人口统计和社会经济特征来分析出租车业务的时空动态，从而发现其中潜在的社会偏见和社区资源分配不公而导致低收入社区交通服务不足的现象[46]。这说明了城市信息学不但提供了高时空分辨率的城市研究，也可以从新的社会技术维度对相关的问责制与公正性进行深入的研究。

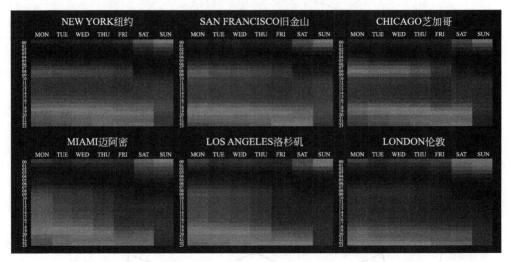

图 2-6　利用优步交通数据来了解城市通勤的本质规律（图片资料来源：Belmonte N. 2015. The Pulse of a City: How People Move Using Uber Engineering. https://eng.uber.com/pulse-of-a-city/）

城市计算、城市模型、城市信息学都是城市科学的第四范式演进的体现。对于如何对上述领域进行分类，不同的学者持有相异的观点。传统上，科学研究可大致分类为基础研究（Basic Research）和应用研究（Applied Research），基础研究关注于认识和了解事物本质，而应用研究关注于解决实际问题。针对此，普林斯顿大学教授唐纳德·斯托克斯（Donald Stokes）于 1997 年在《基础科学与技术创新：巴斯德象限》（Pasteur's Quadrant: Basic Science and Technological Innovation）中指出了上述二分法存在局限性[47]。该著作由美国布鲁金斯学会（Brookings Institution）出版，以 1945 年 V. 布什的《科学——无止境的前沿》政府报告为背景，论述了美国"二战"后研发（Research & Development, R&D）体系的模式、政策与未来发展方向。简而言之，Stokes 认为除了基础科学和应用科学，还存在一种"源于应用的基础科学"。他认为，不同的科学研究主要由两种驱动力推动，即受好奇心驱使，旨在认识世界本真，抑或是由现实问题驱使，旨在开发技术应用[47,44]。如图 2-7 所示，基于上述两种驱动力，斯托克斯进一步提出了一个划分科学研究类型的坐标体系，包括为了认识事物本质而不考虑应用价值的基础研究（玻尔象限），只利用科学技术来解决实际问题的应用研究（爱迪生象限），以及基于现实问题、在开发技术过程中产生的由应用启发的基础研究（巴斯德象限）。

在城市科学的范畴中，也存在着不同研究和分支领域的划分争议。基于不同学科背景和研究兴趣的学者对于"城市科学"的含义持有不同的意见，这种差异

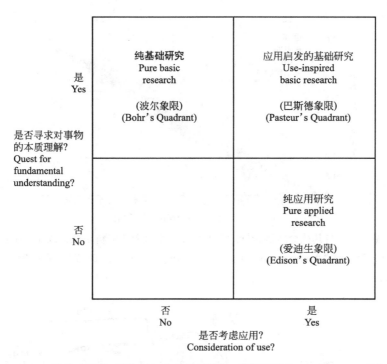

图 2-7　基于巴斯德象限的科学研究分类体系[47]（作者根据 Donald Stokes 图表绘制）

性在具体的英文表述中也有所体现。一部分学者认为城市科学是"城市的科学"（Science of Cities），即以城市为研究本体和基本单元，旨在认识城市本真属性和客观规律的科学研究。而另一部分学者则认为城市科学是"应用城市科学"（Applied Urban Science），即以城市为背景和场景，针对城市问题和新技术应用而开展的科学研究。显然，此类表述是按照传统体系中对基础科学和应用科学的不同定义来划分的，存在斯托克斯提出的局限性。

以巴斯德象限为基础，我们可以进一步阐述城市科学的含义及其不同分支领域的划分。从地理学、生物学、物理学、经济学等学科角度出发的城市科学家重点关注于理解城市的本质，其研究通常以城市为研究单位，通过对多个城市的横向比较分析来发现城市潜在共性和客观规律。例如，贝特恩考特（Bettencourt）和韦斯特（West）通过对 360 个美国都市圈的多个人口、社会与经济指标进行了测算，发现城市的犯罪率、国内生产总值（GDP）、人均收入以及专利发明数量与城市人口体量拟合（图 2-8）。这种旨在建立"城市的科学"的基础研究，拓展了我们在宏观尺度上对城市的科学理解。

而从计算机、工程学、自动化和设计学角度出发的城市科学家通常关注于如何利用城市数据资源来解决实际问题，例如利用大数据计算和机器学习来进行城市空气质量预测，或是运用人工智能技术对城市交通进行优化配置等。以图 2-9

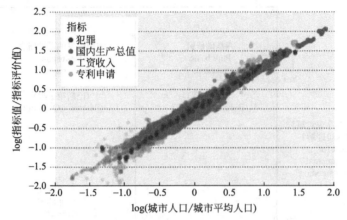

图 2-8 城市人口与其社会经济指标之间的潜在联系（图片资料来源：Bettencourt, Luis, and Geoffrey West. "A unified theory of urban living." Nature 467.7318（2010）：912-913.）

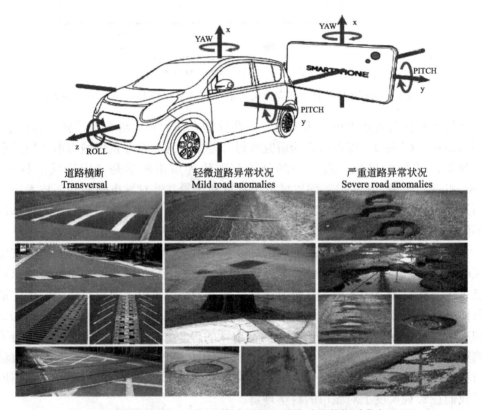

图 2-9 利用智能手机和加速传感器实现道路质量数据采集与监测

（图片资料来源：Seraj, Fatjon, Berend Jan van der Zwaag, Arta Dilo, Tamara Luarasi, and Paul Havinga. "RoADS: A road pavement monitoring system for anomaly detection using smart phones." In Big data analytics in the social and ubiquitous context, pp. 128-146. Springer, Cham, 2015.）

为例,科研人员通过利用在汽车上安装智能手机和加速传感器,对街道地面状况进行图像采样并实现对道路质量的检测、数据化分析以及预测识别。上述类似于"城市计算"的研究利用数据分析、信息可视化和人工智能来解决实际城市问题,可被划分为应用研究。

从信息学、规划学和统计学角度出发的城市科学家往往以城市现实问题为起点,通过科学的手段来观测、分析、干预城市系统,从中提取新的理论并为开发新的应用技术提供方法基础。例如,图 2-10 展示了美国纽约大学城市科学与发展中心的城市观测平台(Urban Observatory)。该平台通过高清摄像机实时记录纽约市,并在可见光(约 400μm)到红外(约 13μm)的波长范围内提取数据记录灯光与气体排放变化,从而用以估测城市能源使用情况。研究项目的初衷是为纽约市的建筑能源政策提供现实依据,而随着观测的不断开展,研究团队通过数据分析和建模进一步发掘了全市居民能源使用规律以及对城市复杂系统运行的科学理解[48]。这种基于城市信息学的城市科学研究通常被认为是由应用启发的基础研究(巴斯德象限)。

图 2-10　纽约大学城市科学与发展中心的城市实时观测平台(作者摄)

全球城市科学教育情况概览

新兴的城市科学领域分支呈现出了不同的侧重点与研究路径,这种多样性和差异性也在全球新兴的城市科学教育项目中有所体现。近年来,众多世界一流名校以不同的形式开展了对城市科学领域的实验性项目和学位教育项目。例如，美国哈佛大学（Harvard University）设计研究生院（Harvard Graduate School of Design，GSD）提供城市规划硕士和城市设计硕士学位，在世界顶尖规划设计教育界享有长期声誉。目前，城市规划硕士项目之下设立有城市分析方向（Urban Analytics Concentration），关注通过利用地理空间数据和分析方法为城市规划问题制定解决方案[49]。此外，肯尼迪学院阿什民主治理和创新中心（Kennedy School Ash Center for Democratic Governance and Innovation）推出了"数据-智慧城市解决方案"（Data-Smart City Solutions），这是一个重点关注政府治理和数据科学交叉领域的机构，研究范围包括开放数据、预测分析、公民参与和治理信息技术等[50]。2017年，哈佛大学启动了哈佛数据科学倡议（Harvard Data Science Initiative，HDSI），以促进数据科学教育和包括城市规划在内的跨学科研究[51]。

麻省理工学院（MIT）于2018年批准了一个新的本科学位——城市科学与计算机科学。学生将同时学习电气工程与计算机科学系（EECS）和城市研究与规划系（DUSP）的课程[52]。对此，麻省理工学院的大学新闻文章描述道："认识到这种融合的重要性和一门新兴学科的兴起，并促使城市规划和计算机科学领域的现有课程融合在一起，麻省理工学院批准了一个新的本科学位——城市科学与规划和计算机科学学士学位"[53]。学生将在城市发展、城市治理、生态可持续性和社会公平的背景下，学习与城市科技、数据科学、机器学习和人工智能相关的技术技能和批判性思维。这种兼备技术性与批判性的教育理念体现了城市科学的两面性：一方面，以数据科学为主的计算和定量分析是解决庞大、复杂、多样的城市问题的基础；另一方面，对城市系统、政策、经济和社会意识的全面了解可以使学生质疑和挑战城市中技术部署的现状，并更多地考虑道德、社会公正、隐私等问题。

纽约大学（New York University，NYU）城市科学与发展中心（NYU Center for Urban Science and Progress，CUSP）成立于2012年，研究重点是应用城市科学与信息学[54]。CUSP设立有一个30学分的STEM硕士项目，专业名称是应用城市科学与信息学。学生还可以参加选修的全球数据竞赛，与包括伦敦、新加坡、纽约等多个城市的当地机构进行合作研究。CUSP提供了城市计算技能实验室（Urban Computing Skills Lab），这是一个为被录取学生设计的免费在线预备课程系列。而在新生入学报到期间，学生们则会参加城市挑战周（City Challenge Week），通过这个为期4天的集训营，来自全球不同国家和多元学科背景的学生们相互认识，了解城市信息学领域，熟悉CUSP所提供的数据与计算资源，并由导师带领进行组队参加数据马拉松活动。CUSP还提供12个学分的城市信息学高级认证课程。此外，纽约大学瓦格纳公共服务研究生院在其城市规划硕士项目下提供了城市分析方向（Urban Analytics Track）。

斯坦福大学（Stanford University）设立有城市研究的文学学士学位（Bachelor of Arts in Urban Studies），这是一个70个学分的以城市研究为核心的跨学科本科专业[55]。专业课程有城市研究导论、政治学、城市设计、全球城市研究、国际发展等，也包括以技能为重点的课程，例如社会科学研究方法、地理信息系统（GIS）、统计学、数据科学、田野调查与定性研究方法等。学生被要求最少参加20个学分并在5个方向（比较和历史研究，城市教育，社会和社会变化，可持续发展，或自行设计的主题）中选择一个进行深入的研究学习。

加州大学伯克利分校（University of California，Berkeley）数据科学与信息学部设立有数据科学本科学位，其中城市科学是重点研究方向之一[56]。选择该方向的学生需要从城市规划系、景观建筑系、地理系和土木工程系的学科列表中选修三门课。与此同时，城市规划系的城市规划硕士学位项目中也设立了城市信息学和数据可视化的研究生课程。

康奈尔理工（Cornell Tech）与以色列理工学院（Technion）合作，在2019年创立了一个新的城市科技（Urban Tech）硕士项目，第一批学生已于2020年秋季正式入学[57]。这是一个两年制的项目，学生将同时获得以色列理工学院和康奈尔大学的学位。课程主要有三个部分，包括技术类课程（数据科学、机器学习、算法、人机交互）、城市科技类课程（城市数据、城市设计、行为经济学、社会理论）和以项目实践为导向的工作室类课程（项目管理、领导力、原型设计、创业）。

哥伦比亚大学（Columbia University）建筑、规划和历史保护研究生院（Graduate School of Architecture，Planning and Preservation，GSAPP）在其城市规划硕士课程下提供了多个与城市科学相关的课程，例如城市信息学、城市数据科学和应用机器学习等[58]。GSAPP于2015年成立了空间研究中心（Center for Spatial Research），专注于与城市规划和城市研究相关的数据科学训练和城市大数据可视化研究[59]。

宾夕法尼亚大学设立有城市空间分析硕士学位（Master of Urban Spatial Analytics），这是一个为期一年的硕士学位项目，学生们学习如何使用空间分析和数据科学来解决最紧迫的公共政策和城市规划问题[60]。该项目由斯图尔特·韦茨曼设计学院（Stuart Weitzman School of Design）和宾夕法尼亚城市研究所联合管理。

芝加哥大学（University of Chicago）成立了名为"芝加哥大学城市网络"（UChicago Urban Network）的研究联盟，汇集了城市科学、实践和公民参与前沿的多个部门、研究中心和实验室，以应对城市面临的挑战[61]。城市计算和数据中心（Urban Center for Computation and Data，Urban CCD）是一个研究中心,专注于先进计算和数据驱动的城市规划和设计技术[62]。该中心最初由美国国家科学基金会(National Science Foundation)拨款 60 万美元资助,旨在将位于芝加哥的多家机构、市政府官员、私营企业的研究人员与计算研究所(Computation Institute,CI)联合起来。计算研究所源自于芝加哥大学和阿贡国家实验室(Argonne National Laboratory)的联合倡议,其中的一个重点研究项目是"物联网阵列"(Array of Things),专注于开发低成本传感器的城市传感网络体系。此外,芝加哥大学的曼苏托城市创新研究所(Mansueto Institute for Urban Innovation)则关注将城市作为一种大规模的全球现象和城市"大科学"的跨学科研究[63]。

东北大学(Northeastern University)公共政策与城市事务学院(School of Public Policy and Urban Affairs)开设了城市信息学硕士学位(M. S. in Urban Informatics),这是一个基于 STEM 教育要求、共计 32 个学时的研究生项目[64]。主要课程包括数据科学(数据挖掘、机器学习、计算统计、信息设计)、理论与方法(城市理论、大数据、地理信息系统)、应用分析(空间分析、决策建模、城市政策分析和房地产金融)和实践项目等。东北大学将城市信息学确定为人文和社会科学项目(Humanities and Social Sciences Programs)的一部分,同时还提供有 12 学分要求的城市分析研究生认证。

在英国,伦敦大学学院(University College London,UCL)开设有为期一年的智能城市和城市分析理学硕士学位(MSc in Smart Cities and Urban Analytics)项目。课程包括核心必修课程(GIS、定量方法、城市系统理论、空间数据分析、城市模拟)和选修课程(空间分析编程和代理人基模型建模技术)[65]。与大多数美国大学基于毕业项目(capstone project)的研究生设置有所不同,伦敦大学的学生需要完成毕业论文。基于伦敦大学学院巴特利特建筑学院的高级空间分析中心(UCL Bartlett Centre for Advanced Spatial Analysis,CASA)是城市科学领域的领先研究中心之一,专注于探索城市规划、政策和设计的新知识和科学见解,尤其是在地理空间分析、空间建模(Spatial Modeling)、模拟和基于计算机的可视化方面享有重大的学术影响力[66]。

英国华威大学(The University of Warwick)城市科学研究所(Warwick Institute for the Science of Cities)设立了城市信息学和分析的理学硕士学位(MSc in Urban Informatics and Analytics)[67]。该研究所与纽约大学城市科学与发展中心(NYU CUSP)是全球合作伙伴关系,并于每年开展学术交流与互访活动。通常,英国华威大学城市科学研究所于每年春季邀请 NYU CUSP 的学生访问伦敦并参与全球数据探索周活动(Global Data Dive Week),而 NYU CUSP 则会在秋季邀请华威大学的学生前往纽约参加城市挑战周活动(City Challenge Week)。

亚洲亦有多所高校与机构开展了城市科学的教研体系建设和科研探索。例如，新加坡科技设计大学（Singapore University of Technology and Design）于2020年开设了一个围绕城市科学、政策分析与城市规划的理学硕士项目（Master of Science in Urban Science, Policy and Planning）。该项目旨在培养应对未来城市开发的政策与规划研究人才，并着重训练其在数据分析、建模和模拟等技术领域的前沿探索能力[68]。与大多数开设于建筑与城市规划学院的城市科学项目不同，香港理工大学（The Hong Kong Polytechnic University）在其土地测量及地理资讯学系（Department of Land Surveying and Geo-Informatics）开设了城市信息学与智慧城市的理学硕士（Master of Science in Urban Informatics and Smart Cities），关注城市信息学、大数据分析、城市系统等与未来城市规划设计相关的课程[69]。目前，我国内地虽然尚未有大学正式开设智慧城市或城市信息学为核心的本科或研究生学位项目，但已有诸多实验室、研究中心和城市规划设计研究院开展了深入和长期的研究工作，包括北京城市实验室（Beijing City Lab）、清华大学人居中心GIS实验室、北京大学智慧城市研究与规划中心、清华同衡规划设计研究院城市数据实验室、同济城市规划设计研究院可持续智慧城市实验室等研究机构。

由上述介绍可以看出，鉴于当前城市信息科技的快速发展、愈加复杂的城市问题以及未来城市人居生活在环境、经济、社会、文化等多方面的诉求，众多知名大学已陆续设立了城市科学、城市信息学或城市应用科技等方向的学位项目。这些项目虽因其各自隶属的院系和各学校不同的学科建设重点而在具体方向与名称上呈现出一定的差异，但总体思路是一致的，即未来的城市研究以及规划设计实践将不仅仅局限于城市建成环境，而是将利用大数据资源、计算分析、数据可视化以及科技应用开发等一系列技术手段来对城市"环境-技术-社会"三位一体的综合系统进行分析研究与规划管理。

参考文献

[1] De Monchaux N. Spacesuit: Fashioning Apollo [M]. Camrbidge: MIT press, 2011.
[2] Von Bertalany L. General systems theory and psychiatry overview [J]. General Systems Theory and Psychiatry, 1969, 32 (4): 33-46.
[3] Wiener N. Cybernetics [J]. Scientific American, 1948, 179 (5): 14-19.
[4] Aiken M, Newton K, Land R, et al. Urban systems theory and urban policy: a four nation comparison [J]. British Journal of Political Science, 1987, 17 (3): 341-358.
[5] Brian B. Cities as systems within systems of cities [J]. Regional Science, 1964, 13 (1): 147-163.
[6] Zipf G. Human behavior and the principle of least effort: An introduction to human ecology

[M]. Boston: Addison-Wesley Press, 1949.

[7] Samuelson P. Spatial price equilibrium and linear programming [J]. The American Economic Review, 1952, 42 (3): 283-303.

[8] Lösch A. The Economics of Location [M]. New York: Wiley, 1967.

[9] Pred A. City systems in advanced economies: Past growth, present processes, and future development options [M]. New York: Wiley, 1977.

[10] Shane G. Urban Design since 1945: A Global Perspective [M]. New York: Wiley, 2011.

[11] Ratti C, Claudel M. The city of tomorrow: Sensors, networks, hackers, and the future of urban life [M]. New Haven: Yale University Press, 2016.

[12] Marshall S. Science, pseudo-science and urban design [J]. Urban Design International, 2012, 17 (4): 257-271.

[13] Dovey K, Pafka E. The science of urban design [J]. Urban Design International, 2016, 21 (1): 1-10.

[14] Maier M. Architecting principles for systems-of-systems [J]. Systems Engineering: The Journal of the International Council on Systems Engineering, 1998, 1 (4): 267-284.

[15] Cavalcante E, Cacho N, Lopes F, et al. Thinking Smart Cities as Systems-of-Systems: A Perspective Study [C] //Proceedings of the 2nd International Workshop on Smart. 2016.

[16] 钱学森, 于景元, 戴汝为. 一个科学新领域——开放复杂巨系统及其方法论 [J]. 自然杂志, 1990, 13 (1): 3-10.

[17] Forrester J. Systems analysis as a tool for urban planning [C] //IEEE Transactions on Systems Science and Cybernetics. 1970.

[18] Forrester J. Urban dynamics [J]. Industrial Management Review (pre-1986), 1968, 11 (3): 67.

[19] Newton P. Liveable and sustainable? Socio-technical challenges for twenty-first-century cities [J]. Journal of Urban Technology, 2012, 19 (1): 81-102.

[20] Trist E. The evolution of socio-technical systems [M]. Toronto: Ontario Quality of Working Life Centre, 1981.

[21] Ropohl G. Philosophy of socio-technical systems [J]. Techné: Research in Philosophy and Technology, 1999, 4 (3): 186-194.

[22] Lightsey B. Systems engineering fundamentals [R]. Virginia: Defense Acquisition University Press, 2001.

[23] Hillier B. The city as a socio-technical system: A spatial reformulation in the light of the levels problem and the parallel problem [C] //Digital Urban Modeling and Simulation. Springer, 2012: 24-48.

[24] Baxter G, Sommerville I. Socio-technical systems: From design methods to systems engineering [J]. Interacting with Computers, 2011, 23 (1): 4-17.

[25] Jacobs J. The Life of Cities [M]. Woodland Hills: Random House, 1969.

[26] Lee D. Requiem for large-scale models [J]. Journal of the American Institute of Planners,

1973, 39 (3): 163-178.

[27] Kuhn T. The structure of scientific revolutions [M]. Princeton: Princeton University Press, 2021.

[28] Gray J. eScience—A Transformed Scientific Method [C] //National Research Council (NRC) /Computer Science and Telecommunications Board (CSTB) Annual Conference. 2007.

[29] Hey T, Tansley S, Tolle K. The Fourth Paradigm: Data-Intensive Scientific Discovery [R]. Microsoft Research, 2009.

[30] Norman B. Are autonomous cities our urban future [J]. Nature Communications, 2018, 9 (1): 1-3.

[31] Zheng Y, et al. Urban computing: concepts, methodologies, and applications [J]. ACM Transactions on Intelligent Systems and Technology, 2014, 5 (3): 1-55.

[32] Calabrese F, et al. The geography of taste: Analyzing cellphone mobility and social events [C] //International Conference on Pervasive Computing. 2010: 22-37.

[33] Sevtsuk A, Ratti C. Does urban mobility have a daily routine? Learning from the aggregate data of mobile networks [J]. Journal of Urban Technology, 2010, 17 (1): 41-60.

[34] Hövel P, et al. Computational models of mobility: A perspective from mobile phone data [C] //Decoding the City: Urbanism in the Age of Big Data. Basel: Birkhäuser, 2014: 110-124.

[35] Ratti C, Claudel M. The city of tomorrow: Sensors, networks, hackers, and the future of urban life [M]. New Haven: Yale University Press, 2016.

[36] Zheng Y, Liu F, Hsieh H. U-air: When urban air quality inference meets big data [C] //Proceedings of the 19th ACM SIGKDD international conference on Knowledge discovery and data mining. 2013: 1436-1444.

[37] Batty M. Urban Modeling [C] //Warf B. International Encyclopedia of Human Geography. Newcastle: Sage, 2006.

[38] Batty M. The new science of cities [M]. Cambridge: MIT Press, 2013.

[39] Coveney P, Dougherty E, Highfield R. Big data need big theory too [J]. Philosophical Transactions of the Royal Society A: Mathematical, Physical and Engineering Sciences, 2016, 374 (2080): 20160153.

[40] Wooldridge J. Introductory econometrics: A modern approach [M]. Cengage learning, 2015.

[41] Duarte J, et al. City Induction: a model for formulating, generating, and evaluating urban designs [C] //Digital Urban Modeling and Simulation. Springer, 2012: 73-98.

[42] Kontokosta C. Urban Informatics in the Science and Practice of Planning [J]. Journal of Planning Education and Research, 2018, 0739456X18793716.

[43] Foth M. Handbook of research on urban informatics: The practice and promise of the real-time city [M]. IGI Global, 2009.

[44] Kontokosta C. Urban informatics for social good: definitions, tensions, and challenges

[A]. The 2nd International Workshop on Science of Smart City Operations and Platforms Engineering [C]. 2017.

[45] Townsend A. Smart cities: Big data, civic hackers, and the quest for a new utopia [M]. New York: WW Norton & Company, 2013.

[46] Ferreira N, et al. Visual exploration of big spatiotemporal urban data: A study of new york city taxi trips [J]. IEEE Transactions on Visualization and Computer Graphics, 2013, 19 (12): 2149-2158.

[47] Stokes D. Pasteur's quadrant: Basic science and technological innovation [M]. Washington DC: Brookings Institution Press, 1997.

[48] Dobler G, et al. The Urban Observatory: A multi-modal imaging platform for the study of dynamics in complex urban systems [J]. Remote Sensing, 2021, 13 (1426): 1-24.

[49] Harvard University. Areas of Concentration: Urban Analytics [Z/OL]. https://www.gsd.harvard.edu/urban-planning-design/master-in-urban-planning/areas-of-concentration/#urbananalytics, 2021-08-12.

[50] Harvard University. Data-smart City Solutions [Z/OL]. https://datasmart.ash.harvard.edu, 2021-08-12.

[51] Harvard University. Harvard Data Science Initiative [Z/OL]. https://datascience.harvard.edu, 2021-08-12.

[52] MIT. Course 11-6: Urban Science and Planning with Computer Science [Z/OL]. https://urban-science.mit.edu/, 2021-08-12.

[53] MIT News. MIT faculty approves new urban science major [Z/OL]. https://news.mit.edu/2018/mit-faculty-approves-new-urban-science-major-0605, 2018-05-06/2021-08-12.

[54] New York University. New York University Center for Urban Science and Progress [Z/OL]. https://cusp.nyu.edu/, 2021-08-12.

[55] Stanford University. Urban Studies [Z/OL]. https://exploredegrees.stanford.edu/school of humanities and sciences/urbanstudies/, 2021-08-12.

[56] UC Berkeley. Berkeley Computing, Data Science, and Scoiety: Urban Science [Z/OL]. https://data.berkeley.edu/degrees/domain-emphasis/urban-science, 2021-08-12.

[57] Cornell Tech. Jacobs Technion-Cornell Dual Master of Science Degrees with a Concentration in Urban Tech [Z/OL]. https://tech.cornell.edu/programs/masters-programs/jacobs-technion-cornell-dual-ms-urban-tech/, 2021-08-12.

[58] Columbia University. M.S. in Urban Planning [Z/OL]. https://www.arch.columbia.edu/programs/10-m-s-urban-planning, 2021-08-12.

[59] Columbia University. Columbia University Center for Spatial Research [Z/OL]. https://c4sr.columbia.edu/, 2021-08-12.

[60] University of Pennsylvania. Master of Urban Spatial Analytics [Z/OL]. https://www.design.upenn.edu/musa/about, 2021-08-12.

[61] University of Chicago. UChicago Urban Network [Z/OL]. https://urban.uchicago.edu/, 2021-08-12.

[62] University of Chicago. URBAN CENTER FOR COMPUTATION AND DATA: A research initiative at the University of Chicago and Argonne National Laboratory [Z/OL]. http://www.urbanccd.org/, 2021-08-12.

[63] University of Chicago. Mansueto Institute for Urban Innovation [Z/OL]. https://miurban.uchicago.edu/, 2021-08-12.

[64] Northeastern University. Master of Science in Urban Informatics [Z/OL]. https://cssh.northeastern.edu/policyschool/program/ms-urban-informatics/, 2021-08-12.

[65] University College London. MSc in Smart Cities and Urban Analytics [Z/OL]. https://www.ucl.ac.uk/prospective-students/graduate/taught-degrees/smart-cities-urban-analytics-msc, 2021-08-12.

[66] University College London. The Bartlett Centre for Advanced Spatial Analysis [Z/OL]. https://www.ucl.ac.uk/bartlett/casa, 2021-08-12.

[67] The University of Warwick. Warwick Institute for the Science of Cities [Z/OL]. https://wisc.warwick.ac.uk/training/msc-programme/, 2021-08-12.

[68] Singapore University of Technology and Design. Master of Science in Urban Sceince, Policy and Planning [Z/OL]. https://urbanscience.sutd.edu.sg/, 2021-08-12.

[69] The Hong Kong Polytechnic University. Master of Science in Urban Informatics and Smart Cities (MSc) [Z/OL]. http://www.lsgi.polyu.edu.hk/prospective-students/degrees-and-qualifications/master-of-science-in-urban-informatics/index.asp, 2021-08-12.

第3章 城市数据的格局

尽管城市在理论概念上是相互关联的复杂系统,实际的城市数据却是异构、多源而离散的。本章以美国纽约市为例,阐述当前城市数据的主要来源以及类型,并结合相关技术规范讨论了城市数据的可用性、所有权、数据质量等问题。鉴于城市作为复杂系统的本质,各种数据经常相互交织,构成了当前城市中丰富却零散的数据格局,给数据转化有效的信息资源以解决实际问题带来了技术上的挑战。

城市数据的来源

在近20年来,"智慧城市"的发展演变创造了丰富而细分的城市数据格局。无处不在的、多元化的数据为多维角度和高时空分辨率量化分析城市生活提供了丰富的信息资源,但同时也给开发普遍适用的研究方法带来了挑战。尽管很难明确定义什么样的数据是"城市数据",此前的相关研究主要从三个方面展开了探索:①通过遥感观测收集的城市数据,例如通过3D扫描、图像识别、声音监测和其他可观察到的城市物理属性[1,2];②由公共服务运行、商务运营、警务和市政管理的城市机构收集和管理的市政数据等[3-6];③基于普适计算,反映信息时代城市生活的数据,包括通过GPS收集的人流运动数据、经济交易、公共卫生和社交媒体数据等[7-11]。考虑到城市数据的指数增长和世界范围不同城市所面临的共同挑战,科学家建议城市数据系统应实现"跨规模、跨主题、跨位置"的可能,并促进面向未来的"全球城市科学"[12,13]。其中,开发可推广的城市数据科学需要长期的投入,并定义城市中实际数据的量化过程、分析方法与实施规范。构建一个整体的城市数据科学体系还需要进行不断的探索,从而对当前以及未来城市的数据格局有更加全面而深入的理解。

"开放数据"(Open Data)指可公开使用和分发,并且不受隐私、机密性或安全性问题限制的数据资源[14]。美国联邦、州和城市机构在近年来开始发布数据,以促进更加透明的公共治理、支持数据信息创业创新和社区公众参与[15,16]。2012年,纽约市通过了《第11号地方法》(俗称"开放数据法"),要求市政府机构通过称为"纽约市开放数据"(NYC Open Data)的通用数字平台网站提供公开的市政数据与信息服务[17]。通过此平台,纽约市各个市政机构收集、管理和发布有关城市基础设施系统和公共资产的数据记录,其中包括土地使用情况、建筑物信息、街道网络、街道树木和公交设施等(表3-1)[18]。这些数据记录了城市建筑环境中相对固定的物质元素,而平台会定期进行数据存档与更新。在全球范围,包括波士顿、芝加哥、伦敦、上海、新加坡等城市也陆续开发了与纽约类似的城市开放数据平台(图3-1)。

城市数据资源来自于包括城市政府部门、公共机构、私营企业、社会组织、社区团体以及市民参与等多种渠道。以纽约市为例,表3-1对部分城市数据进行了总结整理。在城市开发和土地利用方面,纽约市城市规划局每年定期更新城市用地与地税收批输出(Property Land Use Tax lot Output,PLUTO)并在城市公开数据平台发布反映土地使用和建筑特征的数据集[19]。PLUTO数据涵盖有关土地使用类型、建筑面积、空间使用、公共服务分区、户型单位和土地评估值等

纽约市的部分城市数据资源　　　　　　　表 3-1

数据来源	门类	名称	空间单位	时间频率
政府或公共机构发布的数据	人口	美国人口普查(U. S. Census)	人口普查块(Census Block)	每十年
		美国社区调查(ACS)	邻域制表区域(NTA)	
		纵向雇主—家庭动态调查(LEHD)	人口普查块(Census Block)	每年
	土地利用	税收地块数据(PLUTO)	土地税收地块	每年
	地形	纽约市 LiDAR 数据	空间坐标点	—
	建筑	建筑许可证明数据	土地税收地块(Tax Lot)	每日
		建筑违规罚单记录	房产单元	每日
		能源与自来水消耗数据	土地税收地块(Tax Lot)	每年
		房产交易记录	房产单元	每日
	公共空间	公园用地	城市用地	—
		人行道用地	城市用地	—
		公共座椅	地理坐标点	—
		智能灯箱	地理坐标点	—
	交通	街道网络	路段	—
		行人数量记录	观测坐标点	每半年
		平均交通车流量	观测坐标点	每年
		地铁站出入口	地理坐标点	—
		地铁站人流量	地理坐标点	每小时
		公交车站点	地理坐标点	—
		出行习惯调查	居民家庭	每年
		公交车地点	地理坐标点	时间戳
		出租车接客落客	地理坐标点	时间戳
	公共事务	空气质量监测	United Hospital Fund 划分区域	每年
		311 市民投诉记录	地理坐标点	时间戳
		犯罪记录		时间戳
		垃圾回收记录		时间戳
		紧急医疗救助记录		时间戳
私营企业数据	房地产	房产出售信息	邮政编码地区	每月
	共享单车	Citibike 单车数据	地理坐标点	时间戳
	社交媒体	推特数据		时间戳
	交通信息	Waze 交通实时信息		时间戳
	街景图像	谷歌地图	图像	—
市民众包数据	街道	OSM 开放街道地图	矢量多段线	—
		街道行道树	地理坐标点	每十年
		StreetScore 街道评分	地理坐标点	—

(a) NYC Open Data 纽约市
开放数据平台
https://opendata.cityofnewyork.us/

(b) Analyze Boston 波士顿
城市分析平台
https://data.boston.gov/

(c) Chicago Data Portal
芝加哥数据平台
https://data.cityofchicago.org/

(d) London Data Store
伦敦城市数据集
https://data.london.gov.uk/

(e) Shanghai Gov's Data Portal
上海数据服务网
https://www.datashanghai.gov.cn/

(f) Singapore Open Data
新加坡数据平台
https://data.gov.sg/

图 3-1 全球多个城市不同的城市开放数据平台

信息，并附有代表各个具体地块的空间地理信息，以及一个根据"城区-街区-地块"（Borough-Block-Lot，BBL）的城市地块标识系统创建的具体编号。此外，公共机构也会收集、存储和发布公共业务与公开交易数据作为"数字资产清单"[19]。这些数据包括有关违规建筑罚单、土地或房地产交易记录、地铁乘客出入数据、建筑许可申请或公共服务请求和市民投诉热线记录等。这样的记录数据通常会通过与特定数据清单匹配的唯一标识符（如建筑信息 ID）进行信息录入，或是记录地理位置信息（如经纬度坐标）。例如，纽约市出租车行业管理委员会①（NYC TLC）推广了出租车数据支持项目，为所有出租车安装了 GPS 装置用以记录接送和上下车地点，并记录了每次出行的时间、费用和付款方式[20]。

相较于出租车时空大数据所具有的空间高分辨率和时间高频率，传统人口普查和社区数据则显示了更长期的城市和区域特征。美国联邦、各州以及城市的具体职能部门会分别收集管理不同的调查数据，其中包括人口普查数据、邻里健康调查、行人计数以及社区环境质量调查等。例如，美国联邦普查局（United States Census Bureau）多年来采集纵向雇主-家庭动态数据（Longitudinal Employer-Household Dynamics，LEHD），即当地居民的就业地点与企事业单位员

---

① New York City Taxi and Limousine Commission（NYC TLC）.

工的住址街区[21]。该数据可提供有关本地长期人口构成的信息，以及基于其工作地点的城市区域通勤模式。此类数据虽可支持传统的定量研究，但也存在分辨率低、覆盖范围不完整、样本量小、收集成本高等局限性。

在城市公共机构不断完善信息采集与数据管理的同时，私营信息科技企业也在不断地介入媒体、交通、住房、商业等方面，并且成为了城市数据的提供者[9]。起初对于私营企业而言，这些由客户设备或业务信息系统生成的数字日志（例如手机信令数据、公共 WiFi 网络使用情况、安保摄像头录入的图像等数据）作为其业务运营的副产品并没有显著的商业价值。近年来，数据科学尤其是基于机器学习的预测分析可以利用此类数据提取商业情报与决策支持，从而提高运营效率和业务投送的准确性。这种数据驱动的产业进一步催生了商务智能（Business Intelligence）、移动应用程序和社交媒体等新兴业务，并扩大了城市数据采集和信息处理的商业化过程。实际中的应用包括通过挖掘移动电信服务数据来测算人居活动轨迹，基于公共无线网络使用的热点检测公共空间中的实时人口密度，使用街景图像数据（例如谷歌街景与百度街景）自动检测街道空间元素，或是通过社交媒体信息进行的公众舆情跟踪等[22-27]。

许多企业也会利用自身数据创建应用程序接口（Application Programming Interface，API）来推广品牌和公众影响。例如，社交媒体平台推特（Twitter）、美国最大的房屋交易信息平台 Zillow、纽约市共享单车系统 Citibike 等许多数据密集型企业会定期通过 API 提供部分公开数据，以达到鼓励开源开发、应用程序集成和学术研究的目的。此外，近年来新兴的商业情报公司会利用上述的 API 来收集数据，通过清理集成多源、实时或高空间分辨率的大数据，进一步创建信息可视化和支持决策的应用工具作为附加服务或数字产品。例如，万事达卡公司（Mastercard）提供了一个数字平台，可根据邮政编码级别的购买类别汇总，对每月总消费支出的时间序列数据进行可视化呈现[28]。又如，Foursquare 作为一家创建于纽约市的基于地理位置信息分享的社交媒体平台，在其核心业务的基础上推出了一个名为 Pilgrim 的软件工具开发包（Software Development Kit，SDK）可用来跟踪其用户的日常活动模式[29]。这些数字信息平台可为当地商家提供基于周边行人活动的趋势，从而帮助他们来识别潜在客户群及其集体偏好。

除了普遍意义上的物联网感知或常规数据挖掘外，一些城市或机构也会主动组织众包活动（Crowdsourcing）来收集数据。"众包"一词源于"群众"（Crowd）和"外包"（Outsourcing）的组合，指通过倡议组织用户进行大规模自发性的信息录入和数据收集活动。传统的城市公众参与通过采访或调查问卷的形式来征求居民的意见，现在的市政府机构组织或社区团体可以利用大数据、云计算以及手机应用程序发起参与性的数据众包项目。这样在收集数据的同时，还能促进公众教育、鼓励社区参与、提高公众意识[30]。例如，纽约市园林局在 2015 年发起了一项号召市民收集记录城市树木的全民众包活动，这是迄今为止美国规模最大的城市林业数据采集项目，有超过两千名志愿者参与并在全市绘制了 666134 棵街道树[31]。利用众包的方式，纽约市不仅节省了树木数据收集的人工成本，同时也提升了公众对城市生态和可持续发展的认识。其他通过公众参与的数据收集过程也可能会在具体的社区范围或是具体的对象人群中开展，也可以针对社区中特定的物理、社会或环境等问题进行。这种带有公众科学（Citizen Science）性质的活动促进了普通群众对于城市科学的认知与参与，也鼓励人们主动对社区尺度的设计与环境因素（例如空气质量和噪声）进行评估和检测[32,33]。

除了由政府机构引导开展的众包活动，也有利用开源平台自发形成的数据收集活动。这样的活动可能由社会或专业团体在网络平台上发起，用以收集针对特定兴趣用户群体的数据。例如，开放街道地图（OpenStreetMap，OSM）是一个由市民使用个人移动 GPS 数据提供地理信息并实时进行数据更新的数字地图平台[34]。这些新的数据类型与人机互动模式为科学地理解城市问题提供了更多元、多维度的新信息资源[35]。然而需要特别说明的是，数据在城市研究中并不是万能的，基于人与人交流和现场探勘的非量化信息收集的过程仍然不可或缺。学术研究人员也会主动联系当地社区群众，以获取他们的个人态度、感受或反馈的信息，通常此类信息很难利用机器直接量化产生数据，而由此开展的定性研究也对探索城市问题有着重要意义。

城市数据的类型

城市数据的格式因类型与信息来源而异，这是由先前的技术系统路径依赖[36]、产品供应商锁定效应[37]、信息技术可行性、技术人力资源等一系列因素造成的。城市信息的多样性彰显了城市数据分类研究的必要性与重要性，而基于数据格式定义的城市数据类型学则揭示了当前全面整合利用各种城市数据的技术障碍和计算挑战。表 3-2 是根据格式分类的城市数据，总体而言，城市数据包括非结构化和结构化数据。结构化数据包括关系数据库（例如 SQL 数据库或 ESRI Shapefile 文件）和以表格形式生成的数据集（例如预订系统、库存控制和销售交易记录等）[38]。城市数据的格式类型往往取决于具体政府或职能机构所采用的数字产品（例如 Microsoft Excel，Microsoft Access、ESRI ArcGIS 等软件）。2014 年的一项研究调查了美国不同城市的行政数据，发现表格数据几乎占总数据资源的 75%[3]。

根据格式分类的城市数据　　　　　　　表 3-2

类型	生成方式	代表性数据	格式
结构化数据	机器/人工	数据库	.dbf, .sql, .shapfile
		数据文件	.csv, .xlsx
非结构化/半结构化数据	人工	文本数据（文档、文章、电子邮件）	.txt, .pdf, .tex
		互联网和社交媒体数据（网页、脸书、推特、Flicker）	.xml
		电讯移动数据（手机信令数据、公共WiFi使用记录、APP使用记录）	.json, .xml
	机器	卫星图像数据、遥感数据（DEM，地表覆盖数据、大气云图）	.las, .dem, .dxf
		影像数据（街景地图、监控录像记录）	.pmg, .wmv, .avi
		传感器数据（交通流量、天气监测、噪声、空气质量）	.json

　　非结构化和半结构化数据则是指不属于表格结构的其他数据。此类数据既可以是由人工生成的，也可以是机器生成的其他格式，具体包括但不限于：①基于新闻、文章、文档和电子邮件等内容，以自然语言形式生成的.txt格式的文本文件；②基于网页和网络社交媒体内容形成的.xml格式数据。与表格格式不同，此类数据是有组织层次结构的半结构化格式；③基于用户内容平台网络和社交媒体，用户生成的非文本格式数据，包括图像、声音或视频；④基于移动设备供应商以及物联网设备的移动数据，例如GPS坐标定位、公共无线网络WiFi的使用记录数据、手机移动应用程序（Apps）使用情况等；⑤基于卫星图像和遥感技术产生的栅格数据，例如测绘地形、土地覆盖情况和卫星云图等；⑥基于相机或监控摄像系统，并结合计算机视觉技术（Computer Vision），在中小尺度或微观尺度上收集的图像和视频数据。例如，谷歌公司使用装备有GPS、LiDAR激光雷达、相机和传感器的汽车在世界各地的城市街道网络中行驶，以收集街道级图像数据作为谷歌街景视图（Google Street View）；⑦普适计算的快速发展在城市环境中产生了大量由传感器生成的数据[39]，以及有针对性地利用传感器和微处理器、人造卫星遥感以及红外计数器的人居活动感测来收集数据[40,41]。例如纽约市有多个由公共机构或私人公司运营的传感气象站以监测天气和环境质量，其中包括环境保护部在市区内选定的162个地点进行每季度当地空气质量监测（$PM_{2.5}$）的工作[42]。此外，地球网络（Earth Network）作为全球最大的天气监测数据公司之一，在纽约市设立有200多个气象监测点，利用这些监测数据可以提供接近实时的本地温度、风速、湿度、光线等气象信息[43]。

　　表3-3概括了数据不同的空间尺度、其定义以及在城市中的相关应用。按照

由小到大的顺序，我们可将城市空间尺度划分为地理位置、超本地、微观、介观和宏观的等级。鉴于城市信息的多元化，各种不同的数据格式、规模以及频率可能会引出一系列数据质量和标准化问题，并造成"数据孤岛"的现象。与此同时，具体的数据使用也因具体城市系统的职能部门或行政管理需求而有所不同。在实际情况中，不同的城市运营或公共服务可能会在地理位置、地块、街区、社区①或全城市等不同空间单元内开展（图 3-2）。不同空间尺度、多源而异质的数据造成了城市信息的碎片化，并进一步限制了我们对城市以"经济-自然-环境-人文-经济"等维度为特征的多个城市系统和子系统动态的整体理解。因此，原始的城市数据需要利用数据科学知识，并结合对城市系统的理解进行有效合理的集成，才能将数据转换为对城市设计规划和管理治理应用有意义的度量。

数据不同的空间尺度定义及其在城市中应用　　　　表 3-3

尺度	定义	城市中的应用
地理位置 （Geo-location）	具有地理坐标(例如，x-y 坐标或纬度-经度）的空间点要素，它根据街道地址、建筑物或任何其他定义的空间单位描述位置	城市感知、交通导航、基于地理位置的服务、公共服务记录报告
超本地 （Hyperlocal）	比任何现有定义的空间边界都小的地理尺度，例如一个环域区或多个地理点的空间集群	人口流动、个人感知印象、社会经济活动、房地产、城市设计、公众参与
微观 （Microscale）	不大于 1 千米(0.62 英尺)的空间尺度	城市设计、城市微气候、环境健康、社区活动
介观 （Mesoscale）	范围从 1 千米到几千米的宽度和深度，可以包括整个城市	城市生态、城市热岛效应
宏观 （Macroscale）	都市圈、城市群、区域、国家、国际	城市政策、区域经济、基础设施投资、城市韧性

与此同时，城市数据的收集、分析、公开过程也带来了信息管理问责制方面的考量。目前，各国的城市政府机构已开展或尝试开发一套清晰透明的方法来推行一致的数据管理模式。但由于城市中的活动是多种多样的，其数据的产生与收集也因管理职责、操作需求和工作惯例的不同而有所差异。如图 3-3 所示，纽约市有多个管理机构收集与建筑相关的多种数据集。其中，建设局管理建筑许可信息并统计建筑物占地面积，规划局管理分区条例和地址的数据，消防局收集建筑物的结构与防火安全检测信息，环境与健康管理局收集与室内健康危害的相关数据。根据行政职能和管理需求的不同，数据的时间频率也会显示出差异，从每日录入数据到每十年更新数据不等。这些差异都给不同数据集的有效集成和分析带来了技术挑战。

---

① 此处"社区"的对应英文是 Neighborhood，中文或译作"邻里"，但与中国社区的空间尺度和行政划分有所不同。

城市数据的类型

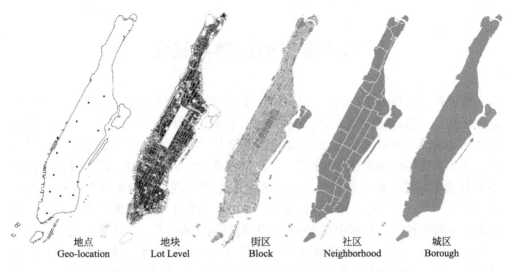

| 地点 | 地块 | 街区 | 社区 | 城区 |
| Geo-location | Lot Level | Block | Neighborhood | Borough |

图 3-2　实际城市规划、设计、治理工作中的不同空间尺度

建筑局
Department of Buildings

新建
改建
拆除
检查验收

- 建筑信息系统
- 施工许可申请
- 建筑活动许可记录
- 建筑物占地地理数据
- 建筑投诉与违规记录

财务局
Department of Finance

建筑产权
房地产交易
房地产税收
房地产估价

- 房地产交易记录
- 税收数据
- 建筑资产估计记录
- 免税与减税记录

城市规划局
Department of City Planning

城市用地与区域划分
社区开发
公共资产规划
总体规划与城市设计

- 城市用地信息
- 行政区域划分
- 人口统计信息
- 公共设施

可持续发展市长办公室
Mayor's Office of Sustainability

建筑能效评估
碳排放测算
城市可持续发展总体规划

- 建筑耗能数据
- 温室气体排放数据
- 绿色建筑评估记录

图 3-3　纽约市建筑相关的数据收集与管理单位

城市数据的挖掘与整合

数据挖掘（Data Mining）的具体定义因学术研究领域和不同的行业而异，通常泛指从一组数据中生成逻辑或数学输出的计算与分析过程[44]。例如，全球大数据分析产品企业龙头 SAS 定义数据挖掘是"在大数据集中发现异常、规律模式和相关性用以预测结果的过程"[45]。大型企业软件产品供应商甲骨文（Oracle）认为数据挖掘是"通过自动搜索大量数据以发现超越简单分析的模式和趋势的实践"[46]。微软则认为数据挖掘是"从大量数据中发现可操作的信息，并使用数学分析来推导出数据中存在的模式和趋势的过程"[47]。全球著名商业分析与咨询公司 Gartner 定义数据挖掘是"利用模式识别技术以及统计和数学原理，通过筛选存储库中的大量数据来发现有意义的相关性、模式和趋势的过程"[48]。美国食品药品监督管理局（Food and Drug Administration，FDA）描述数据挖掘是"使用复杂的数据分析来发现大型数据库中的关联模式或意外事件（即"信号"）的过程"[49]。这些对于数据挖掘的不同定义虽有所差异，但都涵盖了三个普遍特征，即①依赖于广泛而全面的数据库或实时数据信息资源；②利用计算机算法、大规模科学运算和自动化分析来处理数据；③产出结果关注于模式检测和知识发现。综上所述，数据挖掘是一个结合数据收集、检查、集成、（数据库结构）构建、操作和知识发现的循环过程[50]。

通常来说，数据挖掘是指数据库中的知识发现（Knowledge Discovery and Data Mining，简称 KDD），因此"数据挖掘"和"知识发现"这两个术语在许多语境中可以互换。图 3-4 概括了跨行业数据挖掘的标准流程（CRISP-DM），这是 1997 年欧盟信息技术研究策略项目（European Strategic Program on Research in Information Technology by European Union，ESPRIT）提出的一个通用数据挖掘框架。该标准将数据挖掘概括为涉及六个环节的循环过程[51]，包括：

（1）业务理解（Business Understanding）环节旨在学习问题背景，了解用户需求，确定主要目标（可分为解决方案驱动或发现驱动）并制定工作范围（基于优先级和技术能力）以及预期应用案例。

（2）数据理解（Data Understanding）环节指数据的收集和质量检查过程，包括对数据的正确性（错误率）、完整性（缺失值）、分辨率（空间粒度和时间频率）、覆盖率（空间和时间覆盖率）以及代表性（即数据采样或报告偏差）等方面的考量。

（3）数据准备（Data Preparation）环节涉及数据计算和统计处理，以"清理—重组—转换—集成"数据的流程进行分析。数据准备工作过程中通常也包括

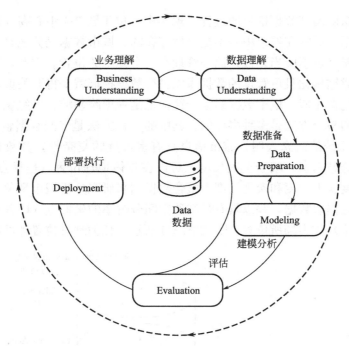

图 3-4 CRISP-DM 数据挖掘标准流程

探索性数据分析（Exploratory Data Analysis，简称 EDA）以获得对统计建模中的变量规范，和机器学习任务中特征工程（Feature Engineering）更加直观和清晰的见解。

（4）建模分析（Modeling）环节是分析生成定量输出的核心阶段，该定量输出显示了基于数据的关联（因果或相关）、分类、聚类、顺序模式和决策树模型选择和预期的分析结果输出（例如预测、分类或网络分析）。

（5）评估（Evaluation）环节通常会模拟效果（例如准确性和精确度）和解释结果（例如统计显著性和回归模型中的系数）并验证数据挖掘的产出是否与业务理解期间定义的预期应用相一致。如果挖掘过程使用大数据，则必须评估计算成本（例如内存消耗和处理速度）并结合实际应用部署以决定该模型的可行性与有效性。

（6）部署执行（Deployment）环节旨在将数据模型的输出转化应用到实际行动或决策中，包括作为对自动化操作系统的反馈、机器可读的数据库，还有以人为输出对象的分析见解，以用于数据驱动的决策或商业智能。

尽管全球范围内的许多行业已将 CRISP-DM 用作其数据挖掘流程的指导范式，但在城市领域，此类数据挖掘的探索仍处于早期阶段，并没有普遍的规范。这是因为与企业等在封闭系统中运行的单域组织不同，城市是巨大而复杂的开放系统，并且具有社会、技术、生态等多种动态因素，因此需要大量技术能力和维护资源来组织协调其数据挖掘的过程。现实中,位于图 3-4 中心高度集成且易于分析的"数据"通常在城市中并不是自然存在的。城市数据是分散且多样的,这使得它们不能(也不应当)被存储和管理在一个集中的位置。因此,如何将分散的数据集合成结构化且可管理的数据库以进行数据挖掘就变得至关重要。

与数据挖掘相似,城市数据的整合往往也是一项跨领域、多组织和多学科的任务,具体的整合方法是多种多样的。其中的一种方法是空间数据整合(Spatial Join)。城市系统的概念表明,城市信息具有多尺度的复杂性,其数据涉及各种时空粒度的跨域因素。基于空间尺度,可以在具体地理位置(坐标点)、超局部性、微观尺度、中尺度和宏观尺度上整合数据用来研究分析城市现象。我们可通过从多个来源提取数据,并以具有最细致空间分辨率的坐标点(即含有经度和纬度的地理定位)作为场所位置[40]。如图 3-5 所示,任何地理位置都可以生成圆形

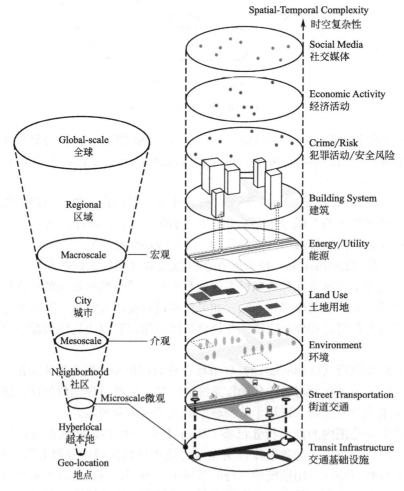

图 3-5 基于不同空间尺度和城市信息源的数据整合

的环域（buffer zone）以提取空间上位于同一地点附近的城市用地、建筑物、街道网络、公共设施以及人居活动等数据。这种数据整合方法已被广泛采用，可以基于不同尺度来量化分析具有周围地理空间属性或位置间差异的局部现象[52-55]。在具体数据计算上，该过程采用给定的坐标点位置（通常是经度和纬度）来生成环域，用来作为不同空间算法（相交、密度、距离、连接性等）的空间容器[56]。与一个定点的地理位置不同，某些地理范围代表了其空间区域内聚集地理上连续（预定义网格系统，区域或区域中的单元）的多个分散点[57]。当处理稀疏离散的空间数据时，也可利用其空间的内插值算法（interpolation）或外推值算法（extrapolation）来集成数据，例如基于地点的反距离权重或连续曲面的普通克里金法（Simple Kriging）[58]。

第二种数据整合的方法是基于数据库原理的数据键值整合（Key Join）。先前的研究表明，城市开放数据平台上将近75%的数据集来自于表格格式的结构化数据[3]。对于表格数据和关系数据库，其集成依赖于通过键值（例如邮政编码、人口普查记录、建筑物识别代码等）来进行的联接。具体分层数据关系源自城市管理和运营的组织结构，从而形成了一对一、一对多、多对一等不同类型的数据关系[59]。另外，许多城市数据同时具有空间地理信息和键值，从而使空间连接可以从不同比例的采样地理空间数据中生成局部的估算[60]。例如，市政府机构以行政边界、交通规划区、邻里社区等定义来划分不同的空间单元与分辨率用来收集样本数据。

对于具有预定义空间区域的数据，可以通过面插值（Areal Interpolation）将不同空间单位的多个数据集整合到一个统一的空间单位中[61,62]。如图3-6所示，以纽约人口数据为例，我们可以通过在人口普查区域（Census Tract）、街区组块（Block Group）、街区（Block）和税收地块（Tax Lot）等多个数据集来估算本地人口。具体而言，美国国家人口普查使用FIPS代码来识别行政区划中的统计实体。FIPS的层次结构使我们能够汇总或分解人口普查区域（11位数字），人口普查街区组块（12位数字）和人口普查街区（15位）[63]。另以纽约市的税收地块数据（Property Land Use Tax Lot Output，PLUTO）为例，该数据采用了一套"区-街区-地块"（Borough-Block-Lot，BBL）的城市地块信息编号系统来记录用地信息和每年度的建筑税收情况。对于城市中的某个给定地理位置，我们可以基于自定义的半径生成其地点的周边环域，与人口普查区块相交并利用PLUTO的城市用地特征加权来估算当地人口。此外，美国统计局亦开展了就业人口分布统计以观测长期纵向雇主-住家户动态（Longitudinal Employer-Household Dynamics，LEHD）。LEHD报告了人口普查级别的原籍—就业目的地统计数据，可以通过与LEHD数据集成的相同方法来估算本地工人/居民人口。近年来兴起的新技术为测算人口带来了新的可能性，例如利用公共空间中的WiFi使

图 3-6　利用数据键值和空间关联的多源城市数据整合

用情况来估算实时人居活动[23]。LEHD 等传统统计数据也为验证此类利用新技术和新数据估算人口的方法提供了验证基础。

　　第三种数据整合的方法是文本数据挖掘。城市系统中许多特定的人文社会因素（例如公众情绪、关注热点、舆论态度等）并没有直接的地理属性。这就需要借鉴语言学的原理和方法，例如语义分析，来提取嵌入在语言中的关键信息（例如活动主题、含义、情感、态度等）作为文本形式来进一步开展数据分析和知识发现[64]。其中一种可行的方法是基于与空间单位相关联的信息（例如地点、邻里社区或城市的名称）来收集非空间的文本数据[65]。随着新闻广播和社交媒体数据的增长，地理空间语义在城市规划和运营中可应用于绘制舆论热点动态与群众偏好等舆情类的数据信息智能应用[8]。我们可以通过分析带有地理标记和文字说明的照片对不同的地点（和其相应的人居活动）进行分类识别[66]，或是利用城市中社交媒体打卡签到数据及其分享的内容语义中提取本地活动模式[67]。这种结合语义和地理空间信息的数据整合方法丰富了我们对社会经济活动和人居活动的感知和理解。

城市数据的局限

当前的城市数据挖掘和集成也面临着数据质量、信息隐私、算法公平性等相关的多种局限。由于具体活动的人口代表性有限，城市人居活动数据往往与真实情况有所偏差。市民公共服务与投诉热线记录数据通常会带有受当地人口经济社会特征影响的报告偏差。而根据社交活动媒体的性质，打卡数据具有交流性和宣传性，可能无法真实地展示城市中人居活动的全部情况[68]。因此，数据科学家需要充分意识到特定城市数据源或其类型的局限性。

越来越多的高分辨率精细数据与个人行为、经济活动或健康相关，这也引起了专家学者和公众对信息安全以及数据隐私的关注。个人行动数据、消费记录、手机使用、WiFi网络登录、信用卡支出记录或社交媒体的使用都会生成一系列"数字足迹"（digital trace）。从城市科学研究的角度，这些数据为理解个人行为和对城市的集体影响提供了丰富的数字资源。然而另一方面，此类高分辨率数据的挖掘和分析也引发了信息隐私和安全性有关的新的伦理问题。比如出于不道德监视和信息操纵目的，利用多源高分辨率数据来进行未经许可的"数字侦防"（Digital Profiling）。这就要求数据科学家需要在城市信息的细粒度与潜在的社会风险之间权衡利弊，并在开展数据处理与分析的活动中，遵守法律、法规，尊重社会公德和伦理，遵守商业道德和职业道德，诚实守信，履行数据安全保护义务，承担社会责任，不得危害国家安全、公共利益，不得损害个人和组织的合法权益。另外，城市建成环境的规划设计与决策干预会对实际的基础设施、资本投资或政策带来长期甚至不可逆的影响。一些处理常规数据信息智能的方法，比如A-B测试，在现实城市系统中既不可行也不合乎道德伦理。影响城市政策、规划、决策、运营的数据和算法的偏差需要特别注意，因为此类分析可能会对人们的生活产生重大的影响。因此，城市数据科学家应与决策者和规划师一同协作，并慎重评估这些潜在的风险。

总而言之，城市从理论上来讲是一个动态而复杂的"社会-技术"系统体系。认识到这种复杂性对于城市系统的整体理解至关重要却又十分困难。新技术的发展应用产生了大规模的城市数据，为更加科学地理解和管理城市带来了新的机遇。科学地分析复杂城市现象需要数据，而集成各种城市数据是开发城市信息智能的关键。考虑到数据集成如何助力于工程、规划、设计和运营尚无定论，数据集成的价值仍在很大程度上尚未得到完全开发。城市数据的性质也带来了技术方法和道德伦理方面的挑战，这就要求城市科学研究慎重选择适当的数据集成与分析方式。尽管包括纽约市在内的全球许多城市的数据正在蓬勃发展，但超本地数据集成的可行性和可靠性仍需进一步验证。新类型的数据用于城市规划、设计和运营的实际应用仍处于实施的早期阶段，需要我们更进一步的探索。

参考文献

［1］ National Research Council. Urban Meteorology：Forecasting，Monitoring，and Meeting Users' Needs ［R］. Washington，DC：The National Academies Press，2012.

［2］ Nouvel R，et al. The influence of data quality on urban heating demand modeling using 3D city models ［J］. Computers，Environment，and Urban Systems，2017，64：68-80.

［3］ Barbosa L，et al. Structured open urban data：Understanding the landscape ［J］. Big data，2014，2（3）：144-154.

［4］ Townsend A. Cities of data：Examining the new urban science ［J］. Public Culture，2015，27（2）：201-212.

［5］ Wang L，et al. Structure of 311 service requests as a signature of urban location ［J］. PloS one，2017，12（10）：e0186314.

［6］ Barns S. Smart cities and urban data platforms：Designing interfaces for smart governance ［J］. City，Culture and Society，2018，12：5-12.

［7］ Batty M，et al. Smart cities of the future ［J］. The European Physical Journal Special Topics，2012，214（1）：481-518.

［8］ Psyllidis A，et al. A platform for urban analytics and semantic data integration in city planning ［C］//International conference on computer-aided architectural design futures. Berlin：Heidelberg，2015.

［9］ Glaeser E，et al. Big data and big cities：The promises and limitations of improved measures of urban life ［J］. Economic Inquiry，2018，56（1）：114-137.

［10］ Law T，Legewie J. Urban data science ［C］//Emerging Trends in the Social and Behavioral Sciences，2018，1-12.

［11］ Ilieva R，McPhearson T. Social-media data for urban sustainability ［J］. Nature Sustainability，2018，1（10）：553.

［12］ Shen Z，Li M. Big data support of urban planning and management ［M］. Springer，2018.

［13］ Acuto M，Parnell S，Seto K. Building a global urban science ［J］. Nature Sustainability，2018，1（1）：2.

［14］Janssen M，Charalabidis Y，Zu A. Benefits，adoption barriers and myths of open data and open government ［J］. Information Systems Management，2012，29（4）：258-268.

［15］Piyushimita T，Tilahun N，Zellner M. Big data and urban informatics：Innovations and challenges to urban planning and knowledge discovery ［C］//Seeing Cities Through Big Data，Springer，2017，11-45.

［16］Krishnamurthy R，Smith K，Desouza K. Urban informatics：Critical data and technology considerations ［C］//Seeing Cities through Big Data，Springer，2017，163-188.

［17］NYC Department of Information Technology & Telecommunications（DoITT）. Open Data Law ［OL］. https：//www1. nyc. gov/site/doitt/initiatives/open-data-law. page，2018-02-05.

［18］The City of New York. NYC Open Data ［R］. https：//opendata. cityofnewyork. us/，2018-02-05.

［19］NYC Department of City Planning. PLUTO and MapPLUTO ［Z/OL］. https：//www1. nyc. gov/site/planning/data-maps/open-data/dwn-pluto-mappluto. page，2016-12-02.

［20］Yang C，Gonzales E. Modeling taxi demand and supply in New York City using large-scale taxi GPS data ［C］//Seeing Cities through Big Data，Springer，2017，405-425.

［21］US Census Bureau. Longitudinal Employer-Household Dynamics Origin-Destination Employment Statistics（LODES）［Z/OL］. https：//lehd. ces. census. gov/data/，2016-12-02.

［22］Jiang S，Ferreira J，Gonzalez M. Activity-based human mobility patterns inferred from mobile phone data：A case study of Singapore ［J］. IEEE Transactions on Big Data，2017，3（2）：208-219.

［23］Kontokosta C，Johnson N. Urban Phenology：Toward a real-time census of the city using WiFi data ［J］. Computers，Environment and Urban Systems，2017，64：144-153.

［24］Li Y，et al. Big data for pedestrian volume：Exploring the use of Google Street View images for pedestrian counts ［J］. Applied Geography，2015，63：337-345.

［25］Rundle A，et al. Using Google Street View to audit neighborhood environments ［J］. American journal of preventive medicine，2011，40（1）：94-100.

［26］Nikhil N，et al. Streetscore-predicting the perceived safety of one million streetscapes ［C］//Proceedings of the IEEE Conference on Computer Vision and Pattern Recognition Workshops. 2014：779-785.

［27］Wu C，et al. Spatial and social media data analytics of housing prices in Shenzhen，China ［J］. PloS one，2016，11（10）：e0164553.

［28］Mastercard Advisors. Mastercard data & analytics ［Z/OL］. https：//www. mastercardadvisors. com/en-us. html，2018-05-17.

［29］Foursquare. Foursquare Pilgrim ［Z/OL］. https：//enterprise. foursquare. com/pilgrim，2018-05-17.

［30］Howe J. The Rise of Crowdsourcing ［Z/OL］. www. wired. com/wired/archive/14. 06/crowds. html，2006-06-01/2018-05-17.

［31］New York City Department of Parks and Recreation. TreesCount！2015 ［Z/OL］. https：//

www.nycgovparks.org/trees/treescount, 2015.

[32] Kontokosta C, Johnson N, Schloss A. The quantified community at Red Hook: Urban sensing and citizen science in low-income neighborhoods [C] //Proceedings of the Data For Good Exchange 2016.

[33] Kontokosta C. The quantified community and neighbor-hood labs: A framework for computational urban science and civic technology innovation [J]. Journal of Urban Technology, 2016, 23 (4): 67-84.

[34] Haklay M, Weber P. Openstreetmap: User-generated street maps [J]. IEEE Pervasive Computing, 2008, 7 (4): 12-18.

[35] Salesses P, Schechtner K, Hidalgo C. The collaborative image of the city: mapping the inequality of urban perception [J]. PloS one, 2013, 8 (7): e68400.

[36] Puert D. Path Dependence [Z/OL]. https://eh.net/encyclopedia/path-dependence, 2018-05-17.

[37] Liebowitz S, Margolis S. Path dependence, lock-in, and history [J]. Journal of Law, Economics, & Organization, 1995, Apr 1: 205-226.

[38] Taylor C. Structured vs. Unstructured Data [Z/OL]. https://www.datamation.com/big-data/structured-vs-unstructured-data.html, 2018-05-17.

[39] Lambrechts J, Sinha S. Microsensing networks for sustainable cities [M]. Springer, 2016.

[40] Sagl G, Resch B, Blaschke T. Contextual sensing: Integrating contextual information with human and technical geo-sensor information for smart cities [J]. Sensors, 2015, 15 (7): 17013-17035.

[41] Li-Minn S, Phooi K. Big sensor data applications in urban environments [J]. Big Data Research, 2016, 4: 1-12.

[42] NYC Department of Environmental Protection. Air Pollution Monitoring [Z/OL]. http://www.nyc.gov/html/dep/html/air/air_pollution_monitoring.shtml, 2018-05-10.

[43] Earth Networks. Earth Networks web page [Z/OL]. https://www.earthnetworks.com, 2017-10-03.

[44] Ultsch M, Ultsch A. Urban data-mining: spatiotemporal exploration of multidimensional data [J]. Building Research & Information, 2009, 37.5 (6): 520-532.

[45] SAS. Data Mining: What it is and why it matters [Z/OL]. https://www.sas.com/en_us/insights/analytics/data-mining.html, 2019-03-17.

[46] Oracle. Data Mining Concepts [Z/OL]. https://docs.oracle.com/cd/B28359_01/datamine.111/b28129/process.htm#DMCON002, 2019-03-17.

[47] Microsoft. Data Mining Concepts [Z/OL]. https://docs.microsoft.com/en-us/analysis-services/data-mining/data-mining-concepts?view=asallproducts-allversions&viewFallbackFrom=sql-server-2017, 2021-04-22/2021-08-12.

[48] Gartner. Gartner IT Glossary: Data Mining [Z/OL]. https://www.gartner.com/it-glossary/data-mining, 2019-03-17.

[49] US Food & Drug Administration. Data Mining [Z/OL]. https://www.fda.gov/ScienceResearch/DataMiningatFDA/default.htm, 2019-03-17.

[50] Behnisch M, Ultsch A. Urban data-mining: Spatiotemporal exploration of multidimensional data [J]. Building Research & Information, 2009, 37 (5-6): 520-532.

[51] Chapman P. The CRISP-DM User Guide [R]. https://s2.smu.edu/~mhd/8331f03/crisp.pdf, 1999.

[52] Tresidder M. Using GIS to measure connectivity: An exploration of issues [J]. Portland State University: Field Area Paper, 2005: 1-43.

[53] Brownson R, et al. Measuring the built environment for physical activity: State of the science [J]. American journal of preventive medicine, 2009, 36 (4): S99-S123.

[54] Schneider R, Arnold L, Raglan D. Pilot model for estimating pedestrian intersection crossing volumes [J]. Transportation Research Record: Journal of the Transportation Research Board, 2009, 2140: 13-26.

[55] Neckerman K, et al. Urban design qualities for New York City [C] //Measuring urban design, Washington, DC: Island Press, 2013: 63-82.

[56] Croner C, Sperling J, Broome F. Geographic information systems (GIS): New perspectives in understanding human health and environmental relationships [J]. Statistics in Medicine, 1996, 15 (18): 1961-1977.

[57] Mennis J, Guo D. Spatial data mining and geographic knowledge discovery: An introduction [J]. Computers, Environment and Urban Systems, 2009, 33 (6): 403-408.

[58] Li J, Heap A. A review of comparative studies of spatial interpolation methods in environmental sciences: Performance and impact factors [J]. Ecological Informatics, 2011, 6 (3-4): 228-241.

[59] Pan Y, et al. Urban big data and the development of city intelligence [J]. Engineering, 2016, 2 (2): 171-178.

[60] Li J, Heap A. Spatial interpolation methods applied in the environmental sciences: A review [J]. Environmental Modeling & Software, 2014, 53: 173-189.

[61] Goodchild M, Anselin L, Deichman U. A framework for the areal interpolation of socioeconomic data [J]. Environment and Planning A, 1993, 25 (3): 383-397.

[62] Juliana M. Asthma and air pollution in the Bronx: Methodological and data considerations in using GIS for environmental justice and health research [J]. Health & Place, 2007, 13 (1): 32-56.

[63] National Institute of Standards and Technology (NIST). Federal Information Processing Standard (FIPS) [R]. https://web.archive.org/web/20140207223104/http://quickfacts.census.gov/qfd/meta/long_fips.htm, 2014-02-07/2017-10-13.

[64] Goddard C. Semantic analysis: A practical introduction [M]. Oxford: Oxford University Press, 2011.

[65] Rodriguez A, Levashkin S. GeoSpatial Semantics [M]. Springer, 2007.

[66] Chaolun X, et al. CityBeat: Real-time social media visualization of hyper-local city data

[A]. Proceedings of the 23rd International Conference on World Wide Web [C]. 2014.

[67] Noulas A, et al. Exploiting semantic annotations for clustering geographic areas and users in location-based social networks [C] //Fifth International AAAI Conference on Weblogs and Social Media. 2011.

[68] Tasse D, Hong J. Using user-generated content to understand cities [C] //Seeing Cities through Big Data. Springer, 2017: 49-64.

第 4 章 城市场所的量化

了解城市公共空间中的行人活动对于城市规划和管理的许多方面,包括交通运输、公共卫生、应急响应、社区开发等都至关重要。尽管此前有很多方法探索了如何提取行人活动模式的相关数据,但较少关注具体场所的建成环境和实时情况等特定地点行人数量和行为的驱动因素。本章通过数据挖掘、可视化和统计建模探索了基于城市公共空间行人活动的基线指标量化,以及行人数量随位置和时间变化而显示出的差异性。使用回归模型和分类算法来估算具体场所的行人流量,可量化识别不同场所类型中的行人活动特征并开展基于城市场所的类型学研究[①]。

---

① 本章部分内容参见作者与 Constantine E. Kontokosta 发表的英文期刊论文。Yuan Lai, Constantine E. Kontokosta. Quantifying place: Analyzing the drivers of pedestrian activity in dense urban environments [J]. Landscape and Urban Planning, 180 (2018): 166-178.

城市场所的量化

城市建成环境中的许多因素都会影响不同地点和时间的行人数量与具体活动。在传统实践中，城市规划人员和交通工程师会观测分析当地的建成空间与行人活动，用以量化社区的步行友好程度、交通安全、商圈的行人流量、新地产开发的影响等不同指标[1-4]。当前，越来越多的普适计算促使城市科学家对人居活动的移动性和地点信息智能展开新的研究，并探索如何能够利用新数据和新技术对行人活动进行预测，从而进一步量化建成环境因素对人居活动行为，以及相应的公共健康和经济社会影响。然而正如前一章节所阐述的，城市作为复杂的社会-技术系统，不同地点场所的多样性为在微观和介观尺度上分析这些动态带来了极大的困难。如果不对基于地点和时间而异的城市空间场所属性进行某种程度的量化分析，仅仅观测当地行人数量与活动通常无法得出具有可比性和可概括的结论。因此，即使有了大数据的信息资源，缺乏对城市建成环境的文脉（context）和情境（situation）的理解仍然会阻碍对城市环境中人类活动进行更可靠的分析。

目前在行人活动行为观察以及其周边的城市建筑、自然和社会环境的相互作用方面还存在很多亟待进一步研究论证的问题。威廉·怀特（William Whyte）是研究城市公共空间与行人活动的先驱，最早将对人类活动的定性观察与周围城市环境的人工收集特征信息结合起来[5]。怀特生于1917年，是美国著名的城市理论家、社会学家和记者。在1970年，怀特成立了一个叫做"街头生活项目"的研究小组，在纽约观察城市的公共空间，包括市区公园、社区儿童游戏场地和街区里一些非正式的休闲娱乐场所的建成环境和人们的活动行为。这个观察项目的持续时间长达十年，核心探索的问题是"什么样的公共空间可以让公众停留和社交？人们在不同的场所设置中有哪些行为规律？"怀特随后将他的观察测量与记录分析进行了整理和讨论，出版了他的经典论著《小城市空间的社会生活》（*The Social Life of Small Urban Spaces*）[5]。

基于纽约市，怀特广泛地调查了人居活动如何受到城市公共空间的外部特征，包括空间布局、建筑形式、街道家具以及诸如噪声和光照等环境因素的影响（图4-1）。在20世纪70年代，怀特的工作对于城市研究和设计实践具有革命性，因为他尝试使用客观的、数据驱动的方法来衡量公共空间中的人类活动。怀特用到了一种称为"行为地图"的研究方法，即观察人群在特定地点和空间范围中的活动，并利用地图、平面图、图像、录影或缩时摄影系统地记录活动轨迹和人群特征。通过记录发生在城市公共空间中的行为活动，设计师能够把空间的设计与

图 4-1　威廉·怀特在纽约市公共广场空间进行行人活动观测与行为地图记录
（图片资料来源：https：//www.pps.org/article/wwhyte，访问时间：2021 年 9 月 15 日）

公众的使用行为在时间和空间上连接起来。比如，通过对一个城市广场绘制平面图并在不同时间段进行多次的观测，可以标记在具体观察时段内的行人数量、空间分布以及具体活动来反映公共空间的使用情况。通过多次此类的实地观测与记录后，便能够统计行人活动的特征。

行为地图的研究方法通常有四个步骤：首先，研究人员将城市场所和公共空间活动以图纸和影像的形式进行记录。然后，研究人员会基于场地对行为活动观测进行评价。随后，设计师会结合上述评估来寻找行为模式和发现规律。最后，设计师会结合直观发现与设计专业知识，分析决策和设计方案的可行性。然而鉴于当时的技术条件，进行手动测量和观察记录建成环境都费时费力，缺乏准确性和可推广性。尽管怀特的研究方法产生了重大的学术理论影响，但实际的观测范围仅限于纽约市内的 20 个公共广场。

时至今日，此类传统的城市公共空间研究方法仍然有其优点——这种方法通常是简单易行的，不需要复杂的仪器设备，并且能够得到最直接真切的体验和目前仍难以量化的空间感受与直观发现。而在人工计数的同时，亦可开展关于公共空间使用情况的直接观察，通过观察获得较为真切的感性依据。然而，这种方法完全依赖于人工观测，难以规范化，很多观察可能会受到观测者的主观影响。即使在有规范化的指南与观察方法时，对于观测者的培训和实际观测过程仍然费时费力。这些局限决定了人工行为地图的方法更适合具体场所、小尺度空间和有限次数的观测，难以在城市尺度开展大量而长期的观测活动。

如第3章所述，当前新的信息技术和应用产品产生了海量、多源、多维的城市数据，新的计算方法进一步实现了对大型数据的快速提取、运算、分析和可视化。这些信息资源与运算技术也可以用于测量行人活动，并开发用来解释城市空间公众行为驱动因素的统计模型。尽管在城市研究领域，这种数据驱动的研究方法并不能完全取代实地观察的定性研究，但新的数据分析仍有可能会提供一些新的发现，并为理解城市空间和场所特征提供数据信息和量化理解。本章的研究案例通过整合高分辨率、大规模和多源异构的城市数据集，分析了城市空间的固定属性（例如建成环境设计、交通基础设施等）、动态环境（例如天气状况、空气质量、街区的安全感等）与社会状况（例如社区经济、人群特征等）。本章的研究使用了纽约市交通局（NYC Department of Transportation，DOT）收集的行人计数数据和纽约市大量城市开放数据集，用来分析行人观测记录与具体地点的土地使用、建筑密度、当地人口分类、交通以及其他与步行性相关因素之间的关系。通过整合高时空分辨率下影响行人活动的空间文脉（Context）和情境因素（Situation），可对城市场所动态进行量化、分类和分析。基于各个具体的地理位置，该量化过程通过提取丰富却孤立的城市数据源，将零散的数据进行整合量化和比较分析以用来衡量微观的城市场所特征。基于这些特征，可进一步通过选择和组合与行人活动相关的特征来构造空间文脉指标并开发场所类型（Typology）。而回归模型则可以用来分析指定场所的文脉特征，以及基于不同时间的情境特征如何共同影响一天、一周、季节和年份中的行人活动。

场所的量化定义

关于如何量化定义场所，先前的研究主要集中在三个方面的探讨：①行人活动的观察测量；②城市建成环境和社会文化因素的量化方法；③人类行为与场所之间的动态关系分析。量化分析城市行人活动过程中经常会使用基于定点位置的行人计数，以便对当地人口流量提供标准化的指标[6]。而此类型的数据通常可由两种不同的现场观测方法来收集：自动监测信息和人工观察计数。依赖于传感器、监测录像和计算机视觉等技术的行人自动监测已经成为一种普遍而节省人力成本的实时观测方法[7-10]。然而，这种方法的可靠性和有效性仍然需要更深入的论证。先前的研究表明，红外计数器往往会少计算行人的数量，而视频技术则可能会引起潜在的隐私争议[11]。在城市公共空间中，传统的行人活动观测方式是基于在特定位置和时间段进行人工观测并手动计数[12,13]。一些城市机构和商业组织通常会对周边的行人进行计数，用来评估当地的商业活动和空间规划变更带来的实际影响[14,15]。这种人工观测的方法费时费力且样本量较小，但可以提供可靠的且反映实际情况的、基于明确行人定义、观察时间、计数方法的观测数据[16-18]。

原位数据① (in-situ data) 是基于某个精确的地理位置坐标点进行观察 (observation) 或感知 (sensing) 所收集的信息，其原始数据并不直接包含周边空间的相关特征。当利用原地定点数据来量化分析城市公共空间活动与街道生活时，周边信息的缺乏往往会限制对不同地点行人活动进行客观而全面的解读，这就需要针对一个定点位置并结合周边情况来定义"场所"。1984年，美国地理学家协会提出了"地理的五层含义"(Five Themes of Geography) 的概念，并在随后被其他的研究领域广泛使用，其中五个含义分别是地点 (Location)、场所 (Place)、人与环境的相互作用 (Human-Environment Interaction)、移动 (Movement)、区域 (Region)[19]。简而言之，这个概念将"场所"定义为基于地点（即一个具体的地理位置）周围的物理、环境和文化属性的延伸[20]。实际上，场所并没有严格的空间维度界定，而是代表一个具有认知标识（名称）、形状（城市形态）、用途（土地使用和建筑物）、联系（物流运输）、文化含义和具体情景（例如基于该场所的特殊事件或活动）的多维概念[21,22]。

随着城市设计的兴起以及人们对步行质量的关注日益增加，相关领域的学者们已经开展了一些研究和算法，试图量化分析吸引行人活动的场所特征[23,24]。大部分的研究重点在于如何衡量城市具体空间区域中的可步行性 (Walkability) 并制定公共场所设计准则，用以促进当地社区的步行空间环境、公共交通可达性、公共健康以及生活质量[25-28]。相关研究的结果证明，城市形态、街道设计、社区人口、社会经济特征等因素都会影响步行体验质量和活动空间范围[29-32]。

在传统的城市设计研究过程中，此类因素的量化通常是由现场观察和定性研究获得，或是通过对城市数据的挖掘、提取、整合，从而间接得到适宜尺度的信息[33]。其中比较普遍的方式是使用地理信息系统 (GIS) 根据给定位置来提取空间统计数据并绘制地图[28]。具体而言，此方法通常会基于一个具体的地理坐标点（例如经纬度）和给定参数（例如活动半径）来生成环区 (Buffer) 以提取周边的城市信息，例如土地使用、道路网络、交通流量、自行车设施、建筑物入口、停车位等[11,34-37]。定义环区的一个重要参数是半径，给定范围的选定半径是基于当地步行经验性总结或是参考先前度量步行活动的研究来定义的，相对普遍使用的半径包括1/4英尺（约400米）、1/8英尺（约200米）或1/16英尺（约100米）[24,38,39]。利用自定义生成的环区，研究人员可以提取该空间范围内的多

---

① In-situ 源于拉丁语，本意指"在原本位置"或"在现场"。

种变量，并进一步定义和量化反映这个具体场所的指标，例如建筑密度、用地多样性、街道设计质量等[38,40,41]。

然而，此类方法通常使用低空间分辨率的空间统计数据（例如人口普查区或邮政编码），无法捕捉到更加动态的现场条件，包括人口构成、天气、突发异常事件等更加微观和实时的因素。而传统城市交通领域的研究则倾向于分析宏观的城市交通网络或区域出行的活动模式，对微观尺度场所和行为的关注则相对较少[42-44]。大多的交通规划文献着重研究城市复杂系统下的某个子系统，例如道路网络或公交基础设施，但并未引入"场所"的概念并将其作为由多个对象和维度组成的整体来进行研究[45]。这些局限性导致无法更加深入地了解人类活动在社区内部或不同的社区间所呈现出的多样性和时空差异性[46]。

正如第 3 章所述，近年来智慧城市和城市计算的发展为利用大数据来定义和测量场所提供了新方法和新数据源。全球各地不断兴起的"智慧城市"项目、传感技术在城市环境中的大范围应用普及、快速崛起的新媒体等在不同的领域产生了丰富的城市数据。而这些新的数据为通过融合跨域数据集来测量地理位置和分析上文提及的"场所性"提供了新的机会[47]。利用城市计算，任何一个给定位置都可以与其周边地理范围内的各种空间数据（例如地块，人口普查区或社区）合并，并通过土地、建筑的标识代码（例如地块识别码、建筑ID代码）、行政区域划分的标签（例如社区或地区名称）或具体地名（例如"时代广场"）与非空间信息进行进一步的数据融合分析。这种量化过程通过将城市信息共同定义为"场所"来丰富地理位置信息，从而能够更好地解释原位观测数据并推断当地活动。然而，若想要达到以上目的，需要进行长期的城市观测项目，不断地收集数据和协调多个职能部门的信息管理、并尝试进行跨城市（即城际范围）的数据融合。即使在数据丰富的纽约市，目前仍缺乏可扩展、可再现的方法以量化来自多个不同数据集的地点信息，并分析基于周围环境和情况的场所性特征。

本章的研究主要检验了两个假设：首先，研究假设行人的活动行为在时间与空间维度中会受到既有城市环境场所相对长期且恒定的影响。为了验证这一点，可将一个基于具体地点的场所（Place）定义为具有特定自然环境、物理、人文社会系统特征的整体集合（公式 4-1）：

$$Place_i = f(CT_{1,i}, CT_{2,i}, \cdots, CT_{n,i}) \tag{4-1}$$

其中，CT 是给定位置 i 的某种相对恒定的"文脉因素"（Contextual Factors）。这些因素衡量一个地点的（相对）固定的土地使用、交通、人口、基础设施和社会经济情况（图 4-2）。首先，我们可以根据这些属性在空间中所呈现的差异性将指标进行量化、分析、归类为城市场所的不同类型，即城市公共空间的场所类型学研究。其次，在控制上述文脉因素的前提下，研究猜想城市行人活动的时间波动可能会受到一些当地实时动态因素的影响，这里将其称之为"情境因素"(Situational Factors)。这些随时间变化的超局域情景包括天气状况、突发事件、犯罪活动和环境健康状况（例如实时的空气质量）等。综上所述，长期恒定的文脉因素和短期多变的情境因素共同驱动了本地行人的行为活动（公式 4-2）：

$$Pedestrian_{i,t} = (CT_{1,i}, CT_{2,i}, \cdots, CT_{n,i}, SI_{1,i,t}, SI_{2,i,t}, \cdots, SI_{n,i,t})$$
(4-2)

公式 4-2 表示，在时间 t 时，位于 i 处的行人活动可以通过其周边城市文脉因素（CT）和当时的情景因素（SI）来推断。情境因素可能有助于解释行人活动更加具体微观的差异，但不会影响相对恒定的场所类型。

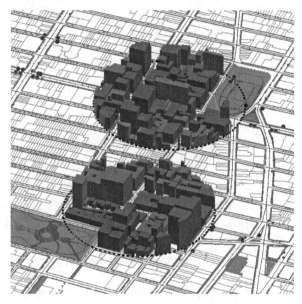

图 4-2　每个场所是一个通过多源跨域城市数据融合而定义的特征集合

场所数据的融合

纽约市作为美国最适宜步行的城市之一，长期通过规划政策、设计实践和技术创新等多种手段来促进公共空间质量与行人的活动体验。纽约市交通局自 2009 年以来开展了一项每半年一次的行人活动观测项目，旨在建立数据集来分析城市中商业走廊和重要路口的使用情况。在每年的 5 月和 9 月，交通局在五个行政区中的 114 个位置①进行现场行人活动观测并手动计数（图 4-3）。每次的行人

---

① 具体位置包括 100 个交叉路口和 14 个桥梁中点。

计数记录包括同一周里三个时间段内的观测值：工作日上午（7：00～9：00），工作日下午（16：00～19：00）和周末中午（12：00～14：00）。这是目前纽约市公共机构执行的最广泛的行人观测活动。由于行人数量与当地许多活动，例如通勤、购物、就餐、游憩等紧密联系，这些数据对城市的长期经济发展研究和空间管理具有重要的参考价值。

图 4-3　纽约市交通局行人计数观测点

与此同时，纽约市也是大数据驱动城市治理和城市公共开放数据的先驱，为研究城市动态提供了丰富的数据资源。与行人活动和出行方式相关的城市信息，例如土地使用、建筑物、街道网络、公共交通设施和人行道等已实现了数字化，并作为公共开放数据发布在城市数据平台。然而在实际过程中，这些数据通常是由各个机构单独收集、管理和发布的，这为有效集成信息和分析不同的数据集带来了技术挑战。如上文所提到的，正确地提取、清理、合并这些数据后，就可以根据具体地点周围的城市环境对超局部区域进行场所量化。鉴于此，本章的研究源于一个简单的问题——能否利用多源的城市开放数据来量化一个场所，并根据其特征来推断当地的行人活动？如果上述方式可行的话，这种数据收集、融合、分析的一系列方法对于众多城市机构、规划者和设计师来说将是十分有价值的，可以用来分析、预测和鼓励城市公共空间中的行人活动。

从城市数据计算的角度来说，算法通过量化地点的场所特征，可以进一步探讨其对观测到的行人活动的影响。具体而言，算法通过同时对多个数据集进行空间查询来提取地理信息，然后进一步量化计算特定指标用来表征具体场所的环境和当前的实时情况。总的来说，我们可以通过量化场所周边的人口构成、自然环境和社会属性（包括基础设施，人口和社会经济特征）来捕获行人活动的差异（通过观察的人口数量来衡量）。这种研究方法增进了对行人活动驱动因素的理解，并为研究密集城市环境中步行体验的影响因素提供了可量化证据。

首先，我们可以从多个异构数据源中整合多种数据来测量土地使用、建筑密度、人口密度、街道网络、街道设计质量和公共交通设施等当地情况（表4-1）。这些数据集都是来自联邦、州和城市机构的开放数据，其中包括美国人口普查局、纽约市交通局（DOT）、城市规划局（DCP）、大都会交通管理局（MTA）、公园与游憩部、纽约警察局（NYPD）、NYC311、信息技术和电信部（DoITT）等部门。在数据准备过程中，可首先使用基于表格的属性联接，通过其空间或面积单位（例如，税额、人口普查区块、社区等）的唯一标识符，将非空间数据与相关空间区域联系在一起。

纽约城市数据合集（部分）[①]　　　　表4-1

变量	数据来源	时间	空间分辨率	地理信息单位
行人数量	纽约市交通局	2009—2016	地点	坐标点
城市用地	纽约市交通局	2010—2016	税收地块	多边形地块
公园区域	纽约市公园与游憩局	2015	土地地块	多边形地块
地铁站入口	纽约大都会运输署	2015	地点	坐标点
公交车站	纽约大都会运输署	2016	地点	坐标点
街道	纽约市交通局	2016	街道路段	多段线
街道质量	纽约市交通局	2016	街道路段	多段线
人行道区域	纽约市信息科技局	2016	人行道区域	多边形地块
行道树	纽约市公园与游憩局	2015	地点	坐标点
公共长椅	纽约市交通局	2016	地点	坐标点
自行车存放桩	纽约市交通局	2016	地点	坐标点
当地人口	美国统计局 LEHD[②]	2010	人口普查街区	多边形地块
居民收入	纽约市规划局	2015	社区	多边形地块
当地犯罪记录	纽约市警察局	2015	地点	坐标点
市民服务请求	纽约311服务热线	2010—2015	地点	坐标点
天气（每小时）	Weather Underground	2010—2015	全市范围	—

通过空间连接（Spatial Join）或属性连接（Attribute Join），可整合与该场

[①] 数据来自于纽约市开放数据平台：https://opendata.cityofnewyork.us.

[②] LEHD: Longitudinal Employer-Household Dynamics.

所相关的多种城市信息。以整合当地人口数据为例，可根据美国人口普查局的纵向雇主-家庭动态（LEHD）来源-目的地（Origin-Destination）就业统计数据来测算当地居民与就业人员数量。该统计数据可跟踪人口普查区中的就业人员（workers）和居民（residents）总数，并提供家庭和工作人口普查区之间的对应关系[48]。另以土地利用情况为例，可使用纽约市规划局的土地税收 MapPLUTO 数据集来获取地块土地使用类型、建筑特征和税收情况等信息[49]。具体而言，此数据集中的相关变量包括土地使用类型、建筑面积、建筑空间使用情况、社区分区、居民户数和依据纽约市税收政策估测的土地评估值。同时，MapPLUTO 数据集也包含带有与建筑识别码 ID 相联系的地理信息系统数据，即根据市区（Borough）、街区（Block）、土地税收地块（Lot）所组成的 Borough-Block-Lot（BBL）代码。在全市范围内，这种识别代码是具体对应到每个城市开发地块的。在具体的数据整合过程中，首先可通过人口普查区块的唯一标识符将所有普查区块的空间范围信息与 LEHD 数据结合起来，然后为以 BBL 为单位的城市用地地块分配其所在的人口普查区块的估算人口分布。通过这种方法，可以将两种空间分辨率下的当地人口和土地信息进行整合，并实现多源数据的相互计算。

具体场所的信息还包括基于不同时空范围而差异变化幅度较大的高频数据，例如纽约市警察局（NYPD）采集的犯罪事件报告记录、911 紧急呼叫和 311 非紧急市民投诉热线等。此类数据的共同点是其都以独立的事件为单位，每例事件信息包含有一个具体的时间戳（Time-Stamp）和地理位置标记（Geo-Tag）用来报告事件发生的精确位置与时间。先前研究证明，具体的天气状况也会对实时行人流量产生影响。因此，本研究收集了全市范围内 2010 年至 2015 年每小时的天气数据，包括温度、湿度和特殊天气事件（例如降水、降雪、大风等）[50]。在收集和整理此类高频数据之后，可将具体的场所事件信息与其行人观察数据采集的具体日期时间相匹配，并将这些动态的指标定义为情境因素（Situational Factors）加入到更加复杂的分析模型之中。如前文所述，纽约市交通局每年进行定点行人计数用以衡量当地的行人活动，收集的信息包括行人数量、位置 ID、地理坐标以及进行观测的日期和时间[17]。通过将原始的时间序列数据根据具体的位置、观测时间段、日期和年份进行数据结构转换，可以将基于场所的城市数据与每个定点行人观测值进行匹配。最终的面板数据（Panel Data）包含了 6 年观测期间内（2010—2015）在 100 个定点中收集的 3600 个观测值（除去 14 个桥梁中间位置）。

为了量化所选地点的特征，可在 Python 编程环境中开发一种空间查询算法，以更高效的计算方式来提取和整合上文提及的多源数据。该算法根据每个地理位置生成基于该坐标点和用户定义半径（例如 1/8mile）的圆形环域，用来提取相关数据并根据城市规划设计常用的指标计算方式输出量化结果。以城市用地多样性为例，本研究通过计算具体地点城市土地利用种类的熵指数（Entropy）（公式4-3）来量化该指标：

$$Entropy = \sum_i \frac{P_j \times \ln(P_j)}{\ln(j)} \qquad (4-3)$$

其中，P_j 是第 j 种土地利用类型中开发的比例。熵指数通过量化土地使用类型总数的自然对数进行归一化，产生范围从 0（用地单一）到 1（用地多样）的标准化指数，用来表示城市用地的相对多样性[28,51-53]。对于基于明确行政边界的数据（例如普查区级的人口），可使用基于多个普查区的总面积的加权人口总和。而对于没有明确管理边界的数据，可通过利用空间查询过程来计算多段线的总长度（例如街道），总几何面积（例如人行道表面）或标记点总数（例如街道树木，公交车站）等。基于以上方法，初步的量化过程总共有 35 个原始输出变量。

以上的空间数据查询方法可基于纽约市范围内的任何一个位置点，并为其选定的环域（Buffer Zone）和时间段来整合多源的城市数据。任何一个具有开放数据基础架构的其他城市都可以通过此方法来量化分析地点。以曼哈顿下城金融区的一个十字路口为例，此方法可以根据特定行人计数观察值的匹配位置和时间来测量其周围的环境和状况（表 4-2）。而在空间查询过程中，研究发现以前的研究中使用的典型 1/4 英尺半径空间范围太大，无法测量像纽约市曼哈顿区这样人口稠密的城市地区的超局部信息。针对此问题，可以定义三种不同环域尺寸（1/4 英尺，1/8 英尺和 1/16 英尺半径）来进行空间查询，然后根据查询输出结果矩阵的协方差和模型性能来决定最佳的半径参数（1/8 英尺）。通过空间查询，每个位置都可以表示为变量向量：

$$x_i = \begin{bmatrix} x_{i,1} \\ x_{i,2} \\ \cdots \\ x_{i,j} \end{bmatrix} \qquad (4-4)$$

其中，$x_{i,j}$ 是第 i 个位置的第 j 个原始变量输出。同理，可以通过转换或组合单个原始计算输出来创建其他的综合变量（表 4-3）。例如，通过将噪声投诉数总和除以当地的总人口（包括工作和居住人口）来量化人均的噪声投诉。基于式 4-5，可进一步将 d 表示为解释变量的总数，并以 100 个观测位置构造一个矩阵 $\boldsymbol{X}$：

$$\boldsymbol{X} = \begin{bmatrix} x_{1,1} & x_{2,1} & \cdots & x_{100,1} \\ x_{1,2} & x_{2,2} & \cdots & x_{100,2} \\ \cdots & \cdots & \cdots & \cdots \\ x_{1,d} & x_{2,d} & \cdots & x_{100,d} \end{bmatrix} \qquad (4-5)$$

通过曼哈顿下城金融区的一个行人计数，按位置和时间查询的原始输出 表 4-2

地点 ID：35	年份：2015	季节：春季	时间：工作日下午	行人量：2149	街道质量(0-10)：7
街道宽度(ft)：22	街道长度(ft)：16628	人行道面积(sq. ft)：305407	人行道长度(ft)：50652	行道树：18	公共座椅：0
自行车道长度(ft)：0	自行车存放点：9	封闭机动车道(ft)：0	公交车站：6	地铁站出入口：8	地铁人流量（日均）：16856
建筑面积(sq. ft)：13,034,991		办公面积(%)：77	住宅面积(%)：16	零售面积(%)：4	用地多样性：0.59
工作人口：29,448	居住人口：1,527	温度(F)：84	湿度（露点 F）：50		
犯罪记录（袭击）：5	犯罪记录（盗窃）：49	犯罪记录（偷车）：0	犯罪记录（谋杀）：0	犯罪记录（强奸）：0	犯罪记录（抢劫）：6
居民投诉（噪声）：275	居民投诉（健康）：58	居民投诉（建筑）：91	居民投诉（服务）：232	居民投诉（安全）：28	居民投诉（基础设施）：284

特征工程与建模

以上的计算过程可以将一个具体的地理位置量化为具有多个特征的独特空间集合，从而能够基于城市环境空间语境（Spatial Context）并结合实时情境（Real-Time Situation）来比较不同的位置。针对较多的解释变量，递归特征消除（Recursive Feature Elimination，RFE）可以用来减轻变量间的多重共线性（Multicollinearity）问题，同时量化特征的重要性（Feature Importance）从而选择相关特征。从具体计算的角度来说，可先将行人计数整化为以 100 为单位的记录，然后使用随机森林分类器（Random Forest Classifier）算法（初始估计数＝1000，任务数量＝10）对初始特征集的估算进行机器学习训练。假设将所有特征视为潜在的行人数量预测解释特征（feature），该算法选择随机数量的特征，然后使用选定的特征通过 70/30 训练-测试样本划分来训练模型。该算法基于具有 10 倍交叉验证的均方根误差（Root Mean Square Error，RMSE）使用具有相同特征选择方案的测试集估计模型性能。通过迭代计算，分类器训练过程会探索所有可能的特征组合，并选择具有最小 RMSE 的最佳特征数及其各自的特征重要性得分（Feature Importance Score）。为了控制潜在的时间效应，可逐次对同一年的数据子集进行特征选择（表 4-3）。最后，可从所有特征选择结果中选择出现频率最高的特征。与其他降维方法，例如主成分分析（Principal Component Analysis，

PCA）相比，此方法不但缩减了特征数量，同时还保持了各个变量的可解释性。

经过标准量化后的空间语境指标　　　　　　　　表 4-3

指标	变量	量化
建筑密度	容积率	$\dfrac{\sum 建筑面积}{\sum 地块面积}$
	开放空间率	$\dfrac{\sum 公园面积}{环域面积}$
用地多样性	用地混合熵	$\sum_j \dfrac{[P_j \times \ln(P_j)]}{\ln(j)}$
街道景观	人行道面积	环域内的人行道面积
	行道树密度	$\dfrac{\sum 行道树}{\sum 人行道长度}$
	公共长椅密度	$\dfrac{\sum 街道公共长椅}{\sum 人行道长度}$
	单车存放点密度	$\dfrac{\sum 单车存放点}{\sum 人行道长度}$
	单车道比例	$\dfrac{\sum 单车道长度}{\sum 街道长度}$
	行人可通行度	$1 - \dfrac{\sum 机动车道路长度}{\sum 街道长度}$
交通	地铁站可达性	$\sum 地铁站入口$
	公交车站可达性	$\sum 公交车站点$
就业	周边工作人口	$\sum 当地工作人口$
居住	周边居民人口	$\sum 当地居民人口$
零售	零售面积占比	$\dfrac{\sum 零售面积}{\sum 建筑面积}$
收入	年度家庭收入	$\dfrac{\sum 贫困线以上的住户}{\sum 住户}$

先前的研究通过量化来创建步行适宜指数[28,40,54]，并利用此类指数评估城市公共空间的步行适宜性（Walkability）和设计质量。鉴于此类方式，可通过标准化分数（Z-Score）来衡量每个地点，从而识别不同场所的类型，并分析其特征对当地行人活动的影响。基于先前城市空间中步行适宜性的研究理论基础，可进一步定义八个指标用来对所有位置进行量化和比较（式 4-6）：

$$x_i = \begin{bmatrix} x_{i,\text{Density}} \\ x_{i,\text{Diversity}} \\ x_{i,\text{Transit}} \\ x_{i,\text{Streetscape}} \\ x_{i,\text{Retail}} \\ x_{i,\text{Home}} \\ x_{i,\text{Jobs}} \\ x_{i,\text{Income}} \end{bmatrix} \qquad (4\text{-}6)$$

基于 K 均值聚类的方法（K-means Clustering），可以将样本位置的场所性质划分为三种（K=3）不同的类型，从而形成基于城市局部场所的类型学研究（图 4-4a 中为不同类型的指标分布雷达图，图 4-4b 中为研究的所有位置）。鉴于 K 均值聚类属于无监督机器学习的方式，可根据不同的 K 参数设定条件下（K=2 至 K=10）计算得出的群集间方差和群集内相似性的 Silhouette 分数，并得出最优化的 K 值（K=3），从而生成三个群集，且将每个群集分别标识为类型 0、类型 1 和类型 2。相对而言，类型 0 代表建筑密度高的地方，工作集中度高，交通便利，但住房建筑面积比例相对较低。类型 1 的场所是具有相对高质量的街道景观与适度的建筑密度，且用地类型多样的地方。尽管这些位置并不紧邻公共交通，但它们主要是居住区，并具有适宜行人步行的城市环境。类型 2 的场所建筑密度低，周边的工作和居住人口数量基本一致。在此类型的场所中，工作

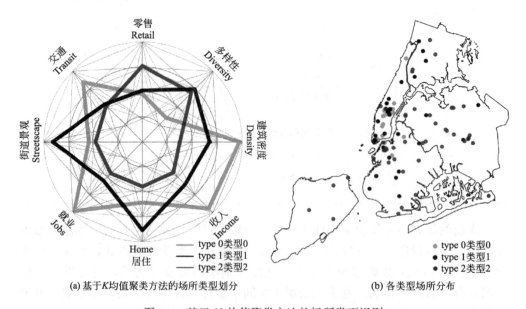

(a) 基于 K 均值聚类方法的场所类型划分　　(b) 各类型场所分布

图 4-4　基于 K 均值聚类方法的场所类型识别

日下午和周末中午的行人流量基本相似，而在工作日早晨的行人流量较小，表明行人活动主要来自于当地的居民而不是通勤的工作人员。

场所的类型划分考虑了微观局部地区的建成环境基础设施、土地使用、城市设计质量等相对恒定的指标。然而实际中，场所也包含有其他相对不稳定、变化频繁的因素。例如天气、犯罪活动、市民投诉、建筑施工等动态事件的变化很大，可能对场所的步行性和行人活动产生影响，在此将该类因素定义为"情景因素"。因此，为了进一步了解具体场所的恒定因素与动态实时情况对行人的影响，可构建包含有文脉因素和情境因素的多元模型，用以整合局部犯罪活动、市民投诉、天气情况等动态变量。然后，可运用带有个体效应（Individual-Specific Effects）的对数线性面板回归模型对地点与当地行人流量之间的关系进行建模分析：

$$\ln(y_i) = \alpha_i + \beta_1 x_{1i} + \cdots + \beta_d x_{di} + \varepsilon_i = \sum_{j=0}^{d} \beta_j(x_i) + u_i \quad (4-7)$$

其中，在 i 位置和 t 年处观察到的行人计数标量为 $y_{i,t}$，变量系数为 β，探索变量的数量为 d。该模型包括随时空而变化的变量（$x_{i,t}$ 因年份和位置而异，例如当地人口或建筑面积），只因地点而异但不随时间变化的变量（对于所有 t，$x_{i,t} = x_i$，例如公交车站或行道树的数量），或只因时间而变但不随个体变化的变量（对于所有 i，$x_{i,t} = x_i$，例如城市范围内的温度或天气情况）。因此，该模型可以根据给定场所行人计数位置的特定日期和时间，量化分析土地使用和人口的年度变化以及实时情况的影响。研究过程中猜测，鉴于不同位置的行人数量可能存在着未观测的异质性，需要进行统计检验以得出该特定位置的常数是否可以由上下文因素解释的结论。

假设同一场所的行人数量会随着一天的时间而变化，可进一步根据观测时间将数据细分为工作日上午（$n=1200$）、工作日下午（$n=1200$）和周末中午（$n=1200$），然后创建基于面板数据普通最小二乘法（Ordinary Least Squares，OLS）的多元回归（Multivariate OLS Regression）模型来识别行人活动驱动因素的时间变化。最后，可对模型进行 10 倍交叉验证（Cross Validation）来计算最终的均方根误差（Root Mean Square Error，RMSE），并使用平均绝对百分比误差（Mean Absolute Percentage Error，MAPE）来衡量适合性以及按时间和地点进行的行人活动的可预测性。

行人活动差异与驱动因素

上述数据的描述性分析揭示了行人活动在位置、年份、星期几和一天中的具体时间之间的差异。面板数据分析揭示了从 2009 年至 2015 年的行人计数数据的时空变化（图 4-5）。结果表明，七年中的行人总数整体有所增加。工作日下午的计数在 2012 年出现了意外下降，这有可能是由于在计数观察时附近发生了特殊的事件，或者是在此期间手动计数过程中的系统性错误。

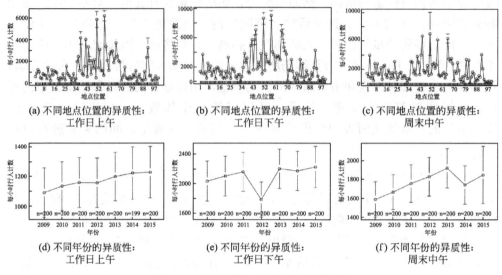

图 4-5 行人观测面板数据分析结果

当比较春季和秋季之间特定位置和时间的行人数量时，结果显示无论季节如何，当地的行人数量都相对稳定（图 4-6a）。从周内的时间变化来看，周末的行人流量通常低于工作日的数量，并且在各个地点都没有显示出较一致的观测值（图 4-6b）。基于先前研究利用手机数据绘制行人活动的发现，我们猜想在工作日和周末应该有不同的背景和环境因素来驱动行人活动[55]。而将同一个工作日的早晨和下午的计数进行比较时，可以发现同一天同一地点不同时段的行人流量之间存在线性关系（图 4-6c）。当根据识别的三种城市环境类型来可视化这种关系时，可以观察到类型 0 的地点在上午和下午行人计数之间的相关性较弱。这表明，建筑物密度高、当地人口众多且交通便利的地方，行人的日内波动较大（图 4-6d）。其中某些便利设施和服务（购物、餐饮、商业服务）的存在会导致下班后行人流量的显著增加，这种差异反映了通勤人口"家-活动-工作"的活动动态。总之，上述描述性分析的发现印证了在一天中的不同时间段独立分析行人活动的必要性。

回归模型的结果表明，测量步行适宜性（Walkability）和预测实际的行人活动之间存在一定的差异。城市设计研究中的步行测度可量化一个位置的步行适应程度，这与环境质量和出行偏好有关。但是，在估计特定时间和地点的行人流量时，步行适宜性只是行人活动所涉及的多个因素之一，目的地（Destination）则

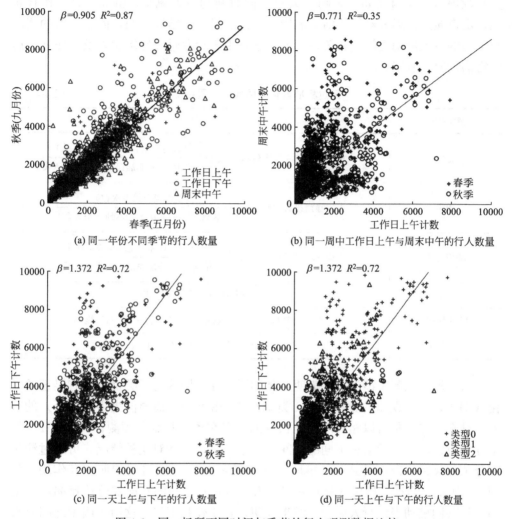

图 4-6 同一场所不同时间与季节的行人观测数据比较

变得更加重要。多元回归模型的结果表明，行人活动、城市环境和情景因素之间存在复杂的相互作用（表 4-4）。根据 R 平方（R-Squared）值，通过城市场所因素来预测工作日（Weekday）的行人活动比预测周末活动更加容易。p 值和相关系数都表明，在三个观测时间段内，行人数量与城市环境之间存在统计显著关系。无论特定日期或一天中的具体时间，建筑物的密度、公共交通通达度和居民住宅楼的建筑面积都会带动行人活动。与之不同的是，步行适宜性指标仅在一天中的特定时间才有意义。又以土地利用的多样性为例，在工作日的早晨和周末，土地用途的混合影响较小，这表明工作日下午的行人量对城市用地多样性更为敏感，并且受工作、生活和娱乐活动的驱动。此外，三种模型中给定变量的不同相关系数揭示了该因素如何影响一天中不同时间的行人流量。例如，和工作日相比，街道质量在周末对行人活动的影响更大。另一个结果证明，商业零售的密度与早晨的行人活动之间的相关性较弱，这是由于营业时间的影响以及工作日早晨零售活动时间有限。

经过标准量化后的实时情景指标　　　　　　　　　　　　　表 4-4

情境指标	变量
犯罪	行人相关的人均犯罪案件数 = $\dfrac{\sum(\text{人身攻击,抢劫,强奸,谋杀})}{\sum(\text{本地居民}+\text{非居民的本地上班人员})}$
噪声	人均噪声投诉次数 = $\dfrac{\sum(\text{本地噪声投诉次数})}{\sum(\text{本地居民}+\text{非居民的本地上班人员})}$
环境健康	人均环境投诉次数 = $\dfrac{\sum(\text{本地空气质量和卫生环境投诉次数})}{\sum(\text{本地居民}+\text{非居民的本地上班人员})}$
气温	全城每小时的平均气温(F)
潮湿度(1/0)	一个二元变量,如果城市露点(F)>60 其值等于1,否则为 0
雨天(1/0)	一个二元变量,如果有降雨其值等于1,否则为 0

行人流量预测模型的结果表明，预测误差在不同的场所类别中具有显著的变化（图 4-7）。而误差的分布表明，类型 0（高密度和交通导向为主的场所）的行人活动在工作日是可以相对准确地预测的，但在周末却难以预测；而类型 2（低密度场所）的行人活动在不同的时间段均难以估计。针对这种情况，可通过测量部分依赖关系（Partial-Relationship）来调查特征在不同时间如何相互作用。如图 4-8 所示，当地总居民（H）和工作人口（W）之间的双向部分依赖揭示了他们如何共同推动当地行人活动。结果表明，在工作日下午，这两个因素之间有很强的相互作用，特别是当本地工作人口的总数在 1/4 英尺的范围内达到 10000 人时。相反，当地的工作人口对周末行人活动没有影响。

拉格朗日乘数检验（Lagrange Multiplier Test，LM Test）通过比较面板回归和简单的 OLS 回归表明各地间存在显著差异。因此，研究使用了具有变化的 OLS 模型来测量不同因素如何驱动局部的行人活动，此模型可以测试探索性变量是否可以解释各地的异质性，而忽略其自身随时间的波动（式 4-8）。

$$\overline{y}_i = \beta_0 + \beta_1 \overline{x}_i + a_i + \overline{u}_i \tag{4-8}$$

结果表明，建筑面积和人口构成是解释这种异质性的主要因素（表 4-5）。与 OLS 模型的结果相似，这些因素的影响程度会随一天中的时间而变化。基于固定效应模型与随机效应模型进行的 Hausman 检验可进一步验证是否存在随时间

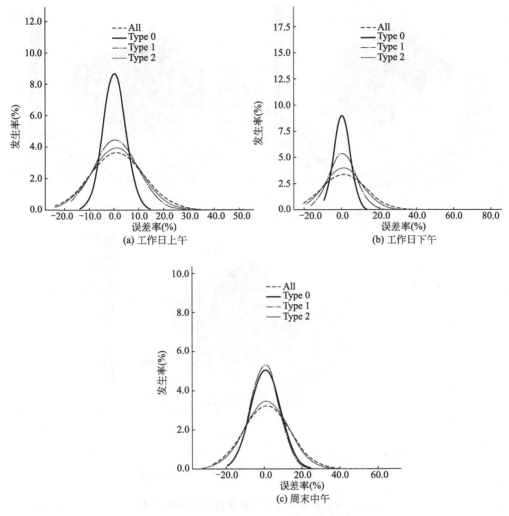

图 4-7 行人预测误差百分比直方图

变化与自变量相关的特定位置效应。测试结果（所有模型的 p 值＜0.05）表明，在随机效应模型中省略了可变偏差，唯一误差与独立变量相关，因此首选固定效应模型。研究发现在工作日中，本地居民人口、地铁入口和零售场所的存在是统计意义上显著的变量，而周末则没有。但是，总体 R 平方值很小（工作日上午和工作日下午为 0.03，周末中午为 0.01），表明与此类潜在固定效应相关的未观察的因素（Unobserved Variables）。总之，研究发现了几种推动行人活动的恒定因素——例如定义场所可步行性的量度，而其他因素的影响会根据特定时间段而有所不同。城市类型划分表明，行人的可预测性随地点类型、一天中的具体时间以及一周中的星期几而变化。

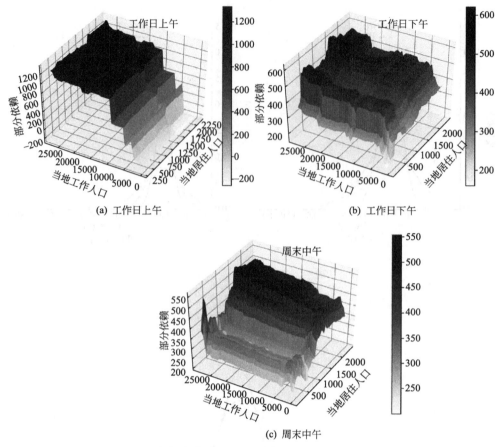

图 4-8 双向部分依赖图显示不同时间段行人流量对当地
总居民（H）和工作人口（W）联合效应的依赖性

基于所有位置变量之间的多元线性回归模型结果　　　　表 4-5

模型变量	工作日上午		工作日下午		周末中午	
	系数	标准误差	系数	标准误差	系数	面板校正标准误
因变量＝ln(每小时行人计数数量)						
截距	−0.81	(2.199)	−5.36	(2.071)**	−5.37	(2.379)**
ln(当地工作总人数)	0.23	(0.115)*	—	—	—	—
ln(当地居住总人数)	0.34	(0.127)***	0.31	(0.119)**	—	—
ln(建筑面积总量)	—	—	0.69	(0.198)***	0.80	(0.228)***
办公面积占比	1.42	(0.556)**	0.96	(0.517)*	—	—
零售面积占比	—	—	2.99	(0.708)***	3.48	(0.820)***
收入水平	−0.01	(0.005)**	−0.01	(0.005)***	−0.01	(0.006)*

续表

模型变量	工作日上午		工作日下午		周末中午	
	系数	标准误差	系数	标准误差	系数	面板校正标准误
整体模型						
样本量(N)	100		100		100	
调整判定 R 平方系数(R^2)	0.656		0.704		0.515	
F 测试系数	19.84***		24.57***		11.50***	

注：***=统计显著性 99%（$p \leqslant 0.01$）；**=统计显著性 95%（$p \leqslant 0.05$）；*=统计显著性 90%（$p \leqslant 0.10$）。2012 年工作日下午的观测结果出现了不正常急剧下降，因此被排除在建模之外（图 4-4）。

除了基于一系列属性客观量化地点的方法外，本研究还探索了新方法来分析随着城市场所的位置和时间而变化的多种行人活动的驱动因素。这种基于精确地理位置的数据量化实现了对超本地（Hyper-Local）城市动态更加深入的了解，并基于城市场所量化研究提升了决策和预测能力[56]。场所的类型学研究可用来比较具有绝对度量（特定于位置的条件）和相对度量（比较条件）的多个场所。这种量化方法揭示了城市不同场所多个方面的相对差异，例如建筑密度、交通、当地人口构成，而这些变量部分解释了行人活动概况及其在高空间分辨率下的实时变化。

为了进一步说明研究结果，可为每种类型选择一个位置，并调查（观测到的）当地行人活动如何随着城市发展和本地人口增减而变化（图 4-9）。富尔顿-

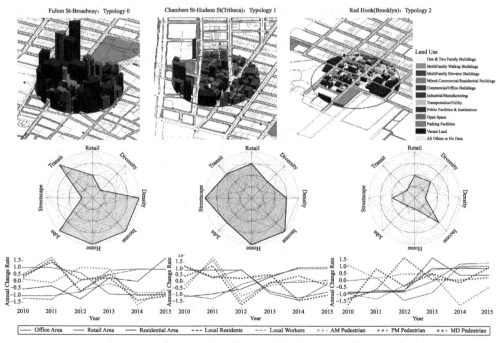

图 4-9 基于城市文脉因素量化识别的场所特征

百老汇街（Fulton-Broadway，类型 0）位于曼哈顿下城，是连接世界贸易中心和金融区与城市其余部分的中转交通枢纽。钱伯斯-哈德森街（Chambers-Hudson Street，类型 1）位于翠贝卡（Tribeca），是曼哈顿下城的高档社区，房地产价格高、街道整洁并住有高收入的居民。雷德胡克（Redhook，类型 2）位于卡洛尔花园（Carroll Gardens）和布鲁克林市中心南部边缘的一个半岛上，这里只有稀疏的公共交通资源、有限的发展以及高比例的贫困人口。这三个具体场所说明了行人观测活动选址的多样性。

研究数据结果表明，在周中工作日的下午时间段，在富尔顿-百老汇街和钱伯斯-哈德逊街附近有许多工作人口和商业零售空间，因此行人活动非常活跃。相比之下，雷德胡克并没有主要的步行活动驱动因素。以上的回归模型还提供了一种定量工具用于估计未来发展、城市环境设计或规划变更对当地行人活动的可能影响（表 4-6）。例如，当假设建筑物再利用项目将某个场所中原有的办公空间转换为零售空间，同时保持其他因素不变，则可以通过以下方式衡量其对当地行人的影响：

$$\ln(y') - \ln(y) = \beta_1 \frac{Retail' - Retail}{Total\ Built\ Area} + \beta_2 \frac{Office' - Office}{Total\ Built\ Area}$$
$$= (\beta_1 - \beta_2) \frac{Converted\ Area}{Total\ Built\ Area} \quad (4-9)$$

$$Impact = Current\ Pedestrian \times (e^{(\beta_1 - \beta_2)\frac{Coverted\ Area}{Total\ Built\ Area}} - 1) \quad (4-10)$$

三个不同场所同年的量化比较　　　　　　　　　　　表 4-6

	富尔顿街	钱伯斯街	雷德胡克
上午每小时人流量	2064	4092	42
下午每小时人流量	2346	3086	109
中午每小时人流量	1354	849	175
总建筑面积(平方英尺)	9447820	4411112	824620
周边总工作人口	23217	4235	585
周边总居民人口	1675	1734	223
办公面积占比	63%	15%	5%
零售面积占比	9%	13%	7%
用地多样性(0—1)	0.5	0.7	0.6
街道质量(0—1)	0.3	0.6	0.4
地铁站入口	4	1	0
公交车站	14	8	4

续表

	富尔顿街	钱伯斯街	雷德胡克
开发假设情境：将5000平方英尺的办公空间转换成零售空间			
行人变化（上午）	-0.19	-0.79	-0.04
行人变化（下午）	2.52	7.11	0.25
行人变化（中午）	2.32	3.11	3.46

与钱伯斯街（Chambers Street）进行的类似变更相比，将5000平方英尺的办公空间转换为零售场所将对雷德胡克（Red Hook）的行人活动产生较大的影响。尽管钱伯斯街周围的典型行人量高于雷德胡克，研究结果表明，基于不同场所当前的城市开发密度与人口组成，类似的开发项目也会对当地社区产生不同程度的影响。

在选择行人测算模型时，有几个需要注意的事项：线性或对数线性模型在先前的研究中已被广泛用于测试步行适宜性指标与行人流量之间的统计关系[11,57,58]。这些模型表明了城市公共空间场所特征与行人数量之间的指数增长关系。与"黑匣子"的机器学习方法相比，线性模型提供了透明的模型，因此适合用于初步探索。这种相对简单直接的模型通常是开发更加复杂的预测模型的第一步。由于聚类方法的无监督学习性质，类型划分会有潜在的不确定性。此项研究根据相关度量对100个位置进行了分类并探讨场所与行人活动之间的关系，但正如前文所述，纽约市交通局是基于指定的商业走廊和主要交叉路口来确定这些观测位置。由于这种选择偏见，场所的类型识别未必能代表城市中潜在的所有场所类型。此外，K-Means聚类基于集群间方差和集群内相似性对样本进行分组，每当添加新样本时，每个组的特征（类型0，类型1和类型2）也可能会发生变化。因此，为了研究包括类型数量及其特征在内的全市范围的城市场所类型学，未来还需要量化更多的场所，从而更全面地代表纽约市的所有地点，并收集更多的行人观测数据以供更深入的研究。

上述分析方法的另一个缺陷是行人计数数据的时间分辨率低，因为纽约市交通局每年仅进行六次计数观测。这给识别不同时间单位（包括一天中的时间，星期几和季节）的行人活动差异带来了挑战。为了确保长期观察的一致性，观测通常是在正常天气情况下没有特殊事件的"普通"的一天中进行。这在某种程度上消除了天气条件差异和异常事件的影响，因此也限制了模型更加全面分析动态或情况因素影响的能力。另外，计数数据仅记录行人数量，这限制了对行人具体行为活动的分析。例如，城市研究学者、丹麦的城市设计师杨·盖尔曾通过实地观察将行人活动分为三种类型——必要活动、可选活动、社会活动，并指出这些活动类型倾向于发生的地方[32]。为了分析这种动态，则需要有更详细的数据来获取具体停留时间或直接与在此活动的行人交流了解定性的信息,而不是简单的定量指标。尽管有上述缺陷,人工计数数据确保了因变量的质量、可靠性和一致性。此外,其他的数据源,例如公共场所 WiFi 使用数据、手机信令数据、可穿戴式加速度计数器数据、带有地理标签的社交媒体数据等信息来源有望实现对行人更加实时的量化,例如通过手机信令数据对城市公园空间中的人群活动行为进行分析(图 4-10)。但是,先前也有研究在与实际人数相关联验证时发现,上述方法可能会造成观测数据采集错误和系统性误差[59-62]。

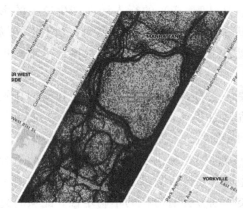 

图 4-10　基于手机信令数据的纽约中央公园人群活动可视化分析
(图片资料来源:https://carto.com/a-million-walks-in-the-park/)

本章的探索性分析试图更好地理解城市环境中行人活动的决定因素。研究使用了自动空间查询和聚类算法,通过异构数据挖掘和分类,开发了一种可扩展且可重现的方法,用于通过给定的地理位置来量化场所的空间、环境、社会经济等特征。通过对不同属性和空间分辨率的数据源进行集成,可通过客观而透明的量化方法来分析每个场所。通过结合代表超局部物理基础设施和土地使用特征的空间文脉因素来定义场所的形式,并将它们与动态的情景因素相关联,可用来描述不同场所随时间和空间变化的社会、行为和环境多样性。

这项研究探索了使用大规模高空间分辨率的城市数据对地点场所进行客观量化,有助于理解城市局部空间特征与行人活动之间的联系。研究发现为理解影响步行友好的城市环境属性提供了证据。研究结果发现,建筑物密度、当地人口、公共交通是纽约市行人活动的相对恒定的推动因素。城市景观因素则会根据一天中的具体时间、一周中的哪一天以及周围的环境变化而对行人产生不同的影响力。这种基于具体地点的分析不仅可以洞悉城市中行人活动的驱动因素,还可以为决策者和设计者提供预测建筑环境变化影响的量化工具。未来的研究将会探索非传统数据集用以高时空分辨率训练具有更多动态行人数据的模型,从而实现更好的预测性能。与此同时，也可以通过量化城市中更多地点来增强场所类型分类算法，并探索其他城市活动（例如经济交易）如何随不同的场所类型而变化。

参考文献

[1] Pikora T, et al. Developing a reliable audit instrument to measure the physical environment for physical activity [J]. American Journal of Preventive Medicine, 2002, 23 (3): 187-194.

[2] Klein R, et al. Relationship between perceived and actual occupancy rates in urban settings [J]. Urban Forestry & Urban Greening, 2016, 19: 194-201.

[3] Cervero R, Duncan M. Walking, bicycling, and urban landscapes: Evidence from the San Francisco Bay Area [J]. American Journal of Public Health, 2003, 93 (9): 1478-1483.

[4] Southworth M. Designing the walkable city [J]. Journal of Urban Planning and Development, 2005, 131 (4): 246-257.

[5] Whyte W. The social life of small urban spaces [M]. Project for Public Spaces, 1980.

[6] Sallis J. Measuring physical activity environments: A brief history [J]. American Journal of Preventive Medicine, 2009, 36 (4): S86-S92.

[7] Dollar P et al. Pedestrian detection: An evaluation of the state of the art [J]. IEEE transactions on pattern analysis and machine intelligence, 2011, 34 (4): 743-761.

[8] Ma Z, Chan A. Crossing the line: Crowd counting by integer programming with local features [C] //Proceedings of the IEEE Conference on Computer Vision and Pattern Recognition. 2013: 2539-2546.

[9] Houman H, et al. Pedestrian gait analysis using automated computer vision techniques [J]. Transportmetrica A: Transport Science, 2014, 10 (3): 214-232.

[10] Placemeter. Placemeter: Quantify the World [OL]. http://www.placemeter.com, 2017.

[11] Schneider R, Arnold L, Ragland D. Pilot model for estimating pedestrian intersection crossing volumes [J]. Transportation Research Record: Journal of the Transportation Research Board 2140, 2009: 13-26.

[12] Davis S, King E, Roberts D. Predicting pedestrian crosswalk volumes [J]. Transportation Research Record, 1988, 1168: 25-30.

[13] Amir H, Yin L. The impact of street network connectivity on pedestrian volume [J]. Urban Studies, 2015, 52 (13): 2483-2497.

[14] Time Square Alliance. Time Square Alliance Market Research Data [Z/OL]. http://www.timessquarenyc.org, 2016.

[15] The Garment District Alliance. The Garment District NYC Pedestrian Counts [Z/OL]. http://garmentdistrict.nyc/real-estate/pedestrian-counts/, 2016.

[16] Gehl Architects. World Class Streets: Remaking New York City's Public Realm [R]. 2008.

[17] New York City Department of Transportation. Bi-annual Pedestrian Count Data Feed [Z/OL]. http://www.nyc.gov/html/dot, 2016.

[18] The Boston Region Metropolitan Planning Organization. Bicycle-Pedestrian Count Program [Z/OL]. http://www.ctps.org/bike_ped_count_1, 2016.

[19] Boehm R, Petersen J. An elaboration of the fundamental themes in geography [J]. Social Education, 1994, 58: 211.

[20] Petersen J, Natoli S. The guidelines for geographic education: A ten-year retrospective [J]. Social Education, 1994, 58: 206.

[21] Tuan F. Space and place: The perspective of experience [M]. Minneapolis: University of Minnesota Press, 1977.

[22] Golledge R. Place recognition and wayfinding: Making sense of space [J]. Geoforum, 1992, 23 (2): 199-214.

[23] Greenwald M, Boarnet M. Built environment as determinant of walking behavior: Analyzing nonwork pedestrian travel in Portland, Oregon [J]. Transportation Research Record: Journal of the Transportation Research Board, 2001, 1780: 33-41.

[24] Li Y, et al. Neighbourhood for playing: using GPS, GIS and accelerometry to delineate areas within which youth are physically active [J]. Urban studies, 2013, 50 (14): 2922-2939.

[25] Lawrence F, et al. The development of a walkability index: Application to the neighborhood quality of life study [J]. British journal of sports medicine, 2010, 44 (13): 924-933.

[26] Neville O, et al. Neighborhood walkability and the walking behavior of Australian adults [J]. American journal of preventive medicine, 2007, 33 (5): 387-395.

[27] Lawrence F, Sallis J, Conw T. Many pathways from land use to health: Associations between neighborhood walkability and active transportation, body mass index, and air quality [J]. Journal of the American planning Association, 2006, 72 (1): 75-87.

[28] Eva L, et al. Walkability of local communities: Using geographic information systems to objectively assess relevant environmental attributes [J]. Health & place, 2007, 13 (1): 111-122.

[29] Lynch K. The image of the city [M]. Cambridge: MIT Press, 1960.

[30] Jacobs J. The death and life of great American cities [M]. Vintage, 1961.

[31] Alexander C. A pattern language: Towns, buildings, construction [M]. Oxford: Oxford University Press, 1977.

[32] Gehl J. Life between buildings: Using public space [M]. Washington DC: Island Press, 1987.

[33] Clifton K, Kreamer-Fults K. An examination of the environmental attributes associated with pedestrian-vehicular crashes near public schools [J]. Accident Analysis & Preven-

tion, 2007, 39 (4): 708-715.

[34] Croner C, Sperling J, Broome F. Geographic information systems (GIS): New perspectives in understanding human health and environmental relationships [J]. Statistics in Medicine, 1996, 15 (18): 1961-1977.

[35] Tresidder M. Using GIS to measure connectivity: An exploration of issues [R]. School of Urban Studies and Planning, Portland State University, 2005.

[36] Ross B, et al. Measuring the built environment for physical activity: State of the science [J]. American Journal of Preventive Medicine, 2009, 36 (4): S99-S123.

[37] Kathryn N, et al. Urban design qualities for New York City [C] //Measuring urban design, Washington, DC: Island Press, 2013: 63-82.

[38] Reid E, et al. Streetscape features related to pedestrian activity [J]. Journal of Planning Education and Research, 2016, 36 (1): 5-15.

[39] Karen V, et al. The impact of neighborhood walkability on walking: Does it differ across adult life stage and does neighborhood buffer size matter [J]. Health & place, 2014, 25: 43-46.

[40] Lawrence F, et al. Linking objectively measured physical activity with objectively measured urban form: Findings from SMARTRAQ [J]. American journal of preventive medicine, 2005, 28 (2): 117-125.

[41] Lance F, et al. Neighborhood walkability and active travel (walking and cycling) in New York City [J]. Journal of Urban Health, 2013, 90 (4): 575-585.

[42] Hillier B, Hanson J. The social logic of space [M]. Cambridge: Cambridge University Press, 1989.

[43] Francesco C, et al. The geography of taste: Analyzing cell-phone mobility and social event [A]. International conference on pervasive computing [C]. Berlin, Heidelberg, 2010.

[44] Yuan J, Zheng Y, Xie X. Discovering regions of different functions in a city using human mobility and POIs [C] //Association for Computing Mchinery. Proceedings of the 18th ACM SIGKDD International Conference on Knowledge Discovery and Data Mining. Beijing, 2012.

[45] Lukermann F. Geography as a formal intellectual discipline and the way in which it contributes to human knowledge [J]. The Canadian Geographer, 1964, 8 (4): 167-172.

[46] Batty M, Jiang B, Thurstain-Goodw M. Local movement: Agent-based models of pedestrian flows [R]. https: //discovery. ucl. ac. uk/id/eprint/225/, 1998.

[47] Zheng Y. Methodologies for cross-domain data fusion: An overview [J]. IEEE Transactions on Big Data, 2015, 1 (1): 16-34.

[48] US Census Bureau. Longitudinal Employer-Household Dynamics Origin-Destination Employment Statistics (LODES) [Z/OL]. https: //lehd. ces. census. gov/data/, 2016-10-21.

[49] New York City Department of City Planning. PLUTO and MapPLUTO data [Z/OL]. https: //www. nyc. gov/site/planning/data-maps/open-data/dwn-\% 20pluto-mappluto.

page, 2016-10-21.

[50] Aultman-Hall L, Lane D, Lambert R. Assessing impact of weather and season on pedestrian traffic volumes [J]. Transportation Research Record: Journal of the Transportation Research Board, 2009, 2140: 35-43.

[51] Kockelman K. Travel behavior as function of accessibility, land use mixing, and land use balance: Evidence from San Francisco Bay Area [J]. Transportation Research Record: Journal of the Transportation Research Board, 1997, 1607: 116-125.

[52] Barbara B, et al. Mixed land use and walkability: Variations in land use measures and relationships with BMI, overweight, and obesity [J]. Health & place, 2009, 15 (04): 1130-1141.

[53] Kontokosta C. Mixed-income housing and neighborhood Integration: Evidence from Inclusionary Zoning Programs [J]. Journal of Urban Aairs, 2014, 36 (4): 716-741.

[54] Ewing R, Clemente O. Measuring urban design: Metrics for livable places [M]. Washington DC: Island Press, 2013.

[55] Hvel P, et al. Computational models of mobility: A perspective from mobile phone data [C] //Decoding the city: Urbanism in the age of big data. Birkhauser Verlag AG, 2014: 110-124.

[56] Pantsar-Syväniemi S, Simula K, Ovaska E. Context-awareness in smart spaces [C] // Computers and Communications (ISCC), 2010 IEEE Symposium. San Diego, 2010.

[57] Miranda-Moreno L, Fernandes D. Modeling of pedestrian activity at signalized intersections: Land use, urban form, weather, and spatiotemporal patterns [J]. Transportation Research Record: Journal of the Transportation Research Board, 2011, 2264: 74-82.

[58] Robert S, et al. Development and application of the San Francisco pedestrian intersection volume model [DC/BC]. UC Berkeley Working Paper, 2013.

[59] Kostakos V et al. Where am I? Location archetype keyword extraction from urban mobility patterns [J]. PloS one, 2013, 8 (5): e63980.

[60] Jiang S, Ferreira J, González M. Activity-based human mobility patterns inferred from mobile phone data: A case study of Singapore [C] //Int. Workshop on Urban Computing, Sydney, 2015.

[61] Böhm M, Ryeng E, Haugen T. Evaluating the Usage of Wi-Fi and Bluetooth Based Sensors for Pedestrian Counting in Urban Areas [C] //Association for European Transport (AET), European Transport Conference 2016. Barcelona, 2016.

[62] Kontokosta C, Johnson N. Urban phenology: Toward a real-time census of the city using WiFi data [J]. Computers, Environment and Urban Systems, 2017, 64: 144-153.

第 5 章 城市健康数据整合

本章探索利用高分辨率的时空数据来衡量纽约的城市树木对当地环境的健康影响。该研究通过整合多个城市数据集,对超过 60 万棵城市树木进行了量化与空间分析,并利用纽约市环境保护局的空气质量数据与纽约州卫生局的社区哮喘住院率,量化了房屋质量、室内空气质量、弱势群体比例等变量,综合分析了树木的密度、树种与当地空气质量以及公共健康之间的复杂关系。该研究在探讨人与自然的关系、城市环境健康和宜居城市等方面均具有重要启示和实践意义,为城市科学在城市生态具体领域的运用提供了一个典型范例①。

---

① 本章部分内容参见作者与 Constantine E. Kontokosta 发表的英文期刊论文,详见:Yuan Lai, Constantine E Kontokosta. The impact of urban street tree species on air quality and respiratory illness: A spatial analysis of large-scale, high-resolution urban data [J]. Health & place, 56 (2019), 80-87.

城市健康数据现状

城市健康（Urban Health）是城市科学领域的重要研究方向，专注于研究城市特征——包括社会和物理环境的特征以及城市资源基础设施的特征，如何影响城市中的人口健康和疾病[1]。越来越多的数据源和交叉学科研究成果为研究城市健康提供了新的资源和分析方法：医疗数据提供了临床电子病例、住院记录和关于死亡率、预期寿命、住院率、哮喘、糖尿病的历史记录，城市或社区尺度的健康调查则为与健康相关的行为（例如吸烟、饮酒、身体活动、通勤模式）、人口家庭特征（例如年龄、性别、家庭规模、外国出生人口）、社会经济地位（例如收入、教育、职业）等多方面因素提供了数据基础。例如，美国的小面积范围人口预期寿命评估项目（The U.S. Small-area Life Expectancy Estimates Project，USALEEP）是目前较细化和全面的研究，基本上覆盖了美国所有的社区[2]。该项目的研究结果表明，除了医疗保健水平本身，人的居住地点及其对住房、教育、安全、环境和食品获取情况的差异也会对地区人口预期寿命产生影响[3]。社区尺度人口健康的普遍差异及其所显示的空间模式特征也进一步揭示了城市内部社区健康的差异，这些问题因具体的地点而异，通常是由更广泛的历史、社会、政治和环境问题造成的。

随着医院、诊所、药房等医疗机构的数字化程度不断提高，这些机构逐渐开始发布公开数据以便于科研人员进行更加深入的分析，并用来改善医疗保健的资源分配和服务运营。例如，纽约、波士顿、芝加哥等城市公布了医院和诊所的地理位置[4-6]，纽约市还共享了用来进行肝炎预防检测[7]和季节性流感疫苗接种[8]的卫生设施的地理位置。新加坡公开发布零售药房的位置数据[9]以及按特定疾病分类的综合诊所每日的就诊人数[10]。此外，新的信息技术也提供了反映城市健康相关行为因素更详细的数据。例如，通过使用带有地理标记的社交媒体数据来进行量化和可视化分析，从而进一步了解公众对肥胖、糖尿病或健康生活方式等问题的认识[11-13]、根据市民投诉数据分析预测酗酒和酒类商店位置的关系[14]、危险化学品暴露带来的社区风险[15]、因地点和时间而异的噪声污染[16]之间的关系。传感技术和物联网使得多种时空分辨率监测环境条件成为可能：在宏观尺度上，卫星图像和遥感数据能够对土地覆盖变迁、生态模式分布、自然环境的健康影响等问题进行大规模的空间分析；而在微观尺度上，定点传感检测和利用带有GPS的空间标记设备可以监测登革热病例[17]、实时环境空气质量[18,19]和饮用水质量[20]等高时空分辨率的动态城市现象。

目前，与城市健康卫生相关的大规模多源数据的价值仍未能得到充分的利用。如同城市复杂系统中的其他问题，城市健康是社会、生态、技术等多方面因素交互作用的结果，需要整合跨领域的数据才能构建更加全面的分析模型和科学理解[21]。例如，呼吸系统疾病的患病风险通常受城市具体社区的人口特征、环境空气质量、室内居住状况等多种因素的影响[22-24]。城市公开数据资源是提升市政透明度、鼓励公众科学（Citizen Science）、促进数据支持城市治理与决策的重要组成部分[25]。基于具体地点的高分辨率数据集成能提供更全面的城市量化理解，从而能更详细地研究城市生态与公共健康之间的联系，并向公众宣传和教育城市环境健康风险的意识。

物联网、云计算与大数据平台技术不断推动着城市系统中的传感器应用与市政业务记录的数字化进程，城市数据的数量和多样性也随之迅速增加[26]。在城市公共空间环境中，包括街道树木、路灯、电子停车计时器、街道家具等在内的城市公共设施和绿色基础设施都有各自固定的地点信息，并已录入到城市公共设施的数据记录中。从计算的角度来说，此类设施通常由城市机构或志愿者负责收集，每个设施具有唯一指定的ID、状态和实际地理位置的坐标点。

纽约市的多个城市机构，包括公共健康卫生局、交通运输局、公园与游憩局、城市规划局、建筑管理局等部门，都有在收集与公共设施资产以及绩效管理相关的数据。然而，上述数据通常由各机构针对特定城市领域（运输、环境、土地使用等）的工作需要和技术条件，独立定义收集与量化方法，并且在存储和管理数据时很少考虑未来与其他数据整合的机会，因此形成了所谓的"数据筒仓"（data silo）现象。当缺乏易于扩展的计算方法时，会为集成城市局部地区（尤其是低收入社区）的开放数据带来困难，从而进一步加剧了数字鸿沟的问题。因此，如何能将城市开放数据转化为能帮助本地社区决策的科学见解，是城市信息学和城市数据应用分析领域中亟需研究的问题[26]。

行道树与城市健康

城市行道树是城市绿色基础设施中至关重要的组成部分，尤其是在中和温室气体、清洁空气、促进户外运动、改善心理健康等方面发挥着关键作用[27-29]。以纽约市为例，街道树木每年估计可带来1.22亿美元的总收益[30]，其中包括吸收9亿加仑的雨水洪涝（估算每棵树木约1500加仑）和清除2200吨的空气污染物[31,32]。然而与此同时，城市研究人员在很大程度上仍不清楚城市街道树木的密度和树种如何具体影响当地的环境卫生与公共健康。在与纽约相似的大多数全球超大城市中，鉴于空气污染、住房资源短缺、交通拥堵等城市问题，城市越来越关注低收入社区以及移民、少数族裔、其他弱势人群社区的空气质量和呼吸系统的卫生保健[33]。这需要对城市小气候和生活质量差异进行更加细化的描述与分析，尤其是对城市树木的种植和管理进行多学科研究[34]。

环境正义（Environmental Justice）是指所有人，无论其种族、民族或社会经济背景如何，都可以参与制定公共政策和环境法规的过程并享有公平待遇[35]。事实上，城市街道树木的空间格局常常显示出基于社会经济特征的不平等分布，进而造成了邻里社区间巨大的公共健康差距。先前在纽约布鲁克林的Greenpoint/Williamsburg 社区进行的哮喘患病风险研究表明，低收入和少数群体的社区绿化范围较小（依据树冠覆盖率测算）并同时由于临近工业用地而面临着更高的空气污染暴露[36]。高密度的人口增长、高昂的生活成本、气候变化影响给城市带来了多方面的挑战，而贫困的社区往往面临着更为严峻的生活条件、相对社会资源更少且获得公共服务的机会有限。

针对上述问题，最简单的应对方式便是在弱势群体社区种植更多的城市树木以提高绿化率，从而改善社区的公共环境。然而，如何选择合适的树种也是一个问题。城市树木与人口健康之间的关系十分复杂，树木种植的位置和物种的选择都需要更加科学的依据来支持规划与决策。尽管有先前研究显示了街头树木有助于降低儿童早期呼吸道疾病的流行率[37]，但也有研究发现指出某些树种可能会是季节性哮喘的潜在过敏源[38]。Dales 等在加拿大多个城市中的研究发现，城市树木花粉是引发哮喘和过敏的重要原因之一[39]。同样，Sheffield 等的研究结果表明，纽约市五个行政区的过敏药物销售量变化与树木花粉高峰季节之间存在着显著的正相关性[15]。Asam 等基于先前结论开展了进一步的论证，研究发现树木花粉暴露风险已经成为越来越严重的城市环境健康影响因素之一，亟需将其纳入到过敏诊断和空间流行病学（Spatial Epidemiology）的研究中[40]。以上的研究发现揭示了研究城市树木的特定地理位置、种类以及相关健康影响的重要性。然而，由于先前多数研究基于采样区域中的少量数据，数据样本的数量、质量、分析方法均受到了一定程度的限制。

健康数据整合

基于城市数据的健康研究需要首先整合创建一个广泛而多源的数据信息库，其中包括有关街道树木、空气质量、呼吸道疾病发病率、邻里社区人口信息、土地开发利用情况等辅助数据（表5-1）。2015年，纽约市园林与游憩局发起了城市行道树普查计划，这是迄今为止美国规模最大的城市林业公众参与项目[41]，共计约2240名志愿者为全市666,134棵行道树录入信息并绘制了地图[42]（图5-1）。最终整理的数据已在纽约市开放城市数据平台上发布，以供研究人员和公众使用。该树木普查数据集（$n=652,169$）提供了每棵街树的位置（纬度和经度）、种类、树干直径、周边人行道维护状况（调查过程期间）、社区范围（Neighborhood Tabulation Area）和邮政编码。

图 5-1　纽约市行道树普查项目

（图片资料来源：https：//www.nycgovparks.org/trees/treescount）

目前有多个州级与市级机构收集空气质量和公共卫生的相关数据。纽约市健康局（Department of Health and Mental Hygiene，DOHMH）维护着一个公共数据平台网站，用来共享环境和健康状况相关的多个检测项目的信息[43]。例如，纽约市社区空气调查报告公布了由联合医院基金（UHF）边界定义的社区（$n=43$）空气质量的数据，包括颗粒物（$PM_{2.5}$）、黑碳（Black Carbon）、一氧化氮、二氧化氮和臭氧分子（O_3）。除了环境空气质量外，室内空气污染也是引起呼吸系统疾病的另一个重要原因[44]。鉴于建筑物之间的室内空气质量各不相同，需要针对建筑物的不同情况进行具体的分析。NYC 311 是纽约市范围内非紧急市政服务请求和市民投诉热线，其中有一部分市民投诉与室内空气质量相关，例如化学气体、干洗排气、未知气味、建筑活动扬尘、建筑物通风等问题[45]。这些市民投诉数据在某种程度上可作为反映建筑物室内空气质量的指标。而在医疗数据方面，纽约州卫生部以邮政编码区为空间单位（$n=174$）收集了哮喘相关的医院就诊数据，包括住院率（Hospitalization）和急诊科（ED）的出诊情况[28]。这些住院和急诊就诊数据为量化急性呼吸系统疾病的患病率作为回归模型的变量提供了基础数据。

部分城市环境健康数据汇总 表 5-1

数据名称	数据来源	收集时间	空间单位
行道树普查	市园林与游憩局	2015	坐标点
社区空气质量调查	市健康与卫生局	2015	联合医院基金社区划分
空气质量监测	市环境保护局	2008—2013	坐标点
室内空气质量	市民 311 服务热线	2010—2018	坐标点
哮喘急诊次数	州健康局普查数据	2012—2014	邮政编码区划分
哮喘就医率	州健康局普查数据	2012—2014	联合医院基金社区划分
社区人口年龄	联邦人口普查数据	2010	邻里社区普查区划分
城市用地	市规划局	2017	税收地块划分
平均家庭收入	美国社区普查	2016	邻里社区普查区划分
公共住房单元	市住房部	2017	税收地块划分

注：联合医院基金社区划分：Neighborhood by United Hospital Fund (UHF)；邻里社区普查区划分：Neighborhood Tabulation Area (NTA)；税收地块划分：Tax Lot.

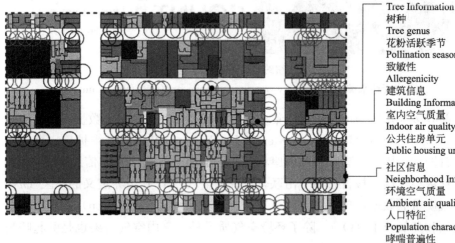

图 5-2　城市树木与多源数据在社区尺度的整合

图 5-2 显示了城市多源数据集成过程中不同数据与树木地理位置的空间关系。先前的研究表明，当控制其他环境-社会-经济等因素时，健康风险因年龄不同而相异[46,47]。儿童与青少年（年龄≤17）和老年人（年龄≥65）通常被认为是较易患哮喘的两个脆弱群体[48-50]。依据年龄层划分的敏感脆弱人群通常可通过人口普查数据进行推算，例如可由基于邻里社区普查面积（Neighborhood Tabulation Area，NTA）人口年龄数据，通过计算各个年龄段划分的人口占当地总人口的比例进行测算脆弱人口比例。在城市用地与建筑方面，则可通过整合来自城市规划部门的土地主要使用税批次输出数据库（Primary Land Use Tax Lot Output，PLUTO）中的单个地块数据来完成信息采集，从而量化建筑物密度、土地使用情况以及靠近每个行道树的住宅单元总数。

虽然城市开放数据的数量与质量在不断提高，这为数据支持的城市决策创造了丰富的资源，但这些数据仍然需要通过整合、清洗、分析，并将专业知识和计算技术相结合，才能将多源城市数据集转化为具有现实指导意义的知识信息。因此，在上述基础数据获取的基础上，可根据具体的树种信息进一步挖掘相应的健康影响信息，包括致敏物种、花粉活跃季节和过敏原严重程度等。IQVIATM 是一家自 1954 年以来就进行医疗保健定量研究的上市公司，其所建立的网站 Pollen.com 按州的范围报告每日全国花粉过敏预测图，并发布与树种相关的花粉信息用于公众教育的目的[51]。

鉴于目前并没有整合且公开的树种花粉信息数据集，我们可通过在 Python 环境中利用网络爬虫（Web Crawler）从 Pollen.com 进行数据挖掘。从计算的角度来说，该研究开发的算法可以通过每个具体树种介绍的 HTML 网页中解析树种相关的花粉描述，并提取两个关键信息——授粉期和致敏程度[52]。对于每个树种而言，授粉期指其花粉活跃的季节（春季/夏季/秋季/冬季），而致敏性则是指其花粉作为过敏原的严重程度（无/轻度/中度/重度）。基于以上信息，城市局部地区的花粉致敏性可以量化为式（5-1）：

$$ALLERGENICITY(\%) = \frac{\sum Trees\,with\,Severe\,Pollen\,Allergen}{\sum All\,Trees} \times 100 \quad (5\text{-}1)$$

行道树和社区致敏性

先前的研究认为，花粉与急性哮喘风险之间有潜在的因果关系，可能是由于具体树种的花粉是引发慢性病患者呼吸综合征的过敏原。然而，目前绝大多数的研究仍未能直接量化城市局部地区的树木密度与树种分布组成对当地哮喘住院和急诊就诊率的影响。在有上述基于真实数据得到变量的基础之上，多元线性回归模型（Multivariate Regression Model）可实现在控制其他因素的前提下分析致敏树种（按其占当地树木的百分比计算）与局部地区哮喘发生率之间的关系。具体来说，可使用多元普通最小二乘（Multivariate OLS）模型来分析每个邮政编码区域中致敏性树种的分布与当地哮喘就医率的统计相关性，并同时考虑表 5-2 中所示的当地人口、环境和社会经济特征（式 5-2）：

$$ASTHMA_i = \beta_0 + \beta_1 AIR + \beta_2 TREE + \beta_3 ALLERGENICITY +$$
$$\beta_4 AGE + \beta_5 INDOOR + \beta_6 HOUSING + \varepsilon_i \tag{5-2}$$

基于邮政编码划分的社区 ($n=174$) 尺度变量　　　　表 5-2

		变量说明
因变量	哮喘率	与哮喘相关的就医人数(每 1000 居民)
自变量 (或解释变量)	空气质量	二进制变量(若该社区 $PM_{2.5}$ 浓度大于城市中位数 ($8.6\mu g/m^3$)为 1,反之则为 0)
	行道树	行道树数量(每 1000 英尺街道长度)
	致敏程度	根据等式 5.1 推算的局部地区树木花粉致敏程度
	年龄	社区脆弱人群(年龄小于 17 或大于 65 岁)占百分比
	室内环境	社区室内空气质量居民投诉次数(每 1000 名居民)
	住房	公共住房在社区全部住房中所占的百分比

式 5-2 所描述的模型可以被视为是一种"全局"模型,因为该模型并未考虑常数 β_0 和其他系数(式 5-3)潜在的空间变异性,这超出了此等式包含的工具变量(instrumental variables)所能解释的范围。因此,式(5-3)假设所有 k 个解释变量都概括了空间异质性(spatial heterogeneity),并只为其估算了单个的系数。

$$ASTHMA_i = \beta_0 + \sum_k \beta_k x_{ik} + \varepsilon_i \tag{5-3}$$

因此,为了纠正这种潜在的空间偏差,可使用地理加权回归(Geographically Weighted Regression, GWR)模型来检查系数如何随地理位置变化(式 5-4)。

$$ASTHMA_i = \beta_0(u_i, v_i) + \sum_k \beta_k(u_i, v_i) x_{ik} + \varepsilon_i \tag{5-4}$$

具体来说,GWR 模型根据具体邮政编码区域的中心点 (u_i, v_i),基于位置的核函数(kernel function)运行单个回归模型,并通过交叉验证优化了自适应带宽(adaptive bandwidth)。与普通的回归模型不同,GWR 模型不是针对每个独立变量使用单个全局系数(global coefficient),而是报告了一组特定于位置的系数(local coefficient),从而揭示了各个变量的影响如何随着空间不同而有所变化[53,54]。总之,GWR 模型能够捕获一系列预测变量的局部效应和在空间上不恒定的效应,从而考虑了变量之间的空间非平稳性(spatial non-stationarity)关系[55]。

研究数据显示,目前纽约市大约有 652169 棵街树,包括 128 种独特的树种(表 5-3)。其中,76% 的具有过敏花粉的树木花粉传播发生在春季,24% 的树木含有严重的过敏花粉。根据树木数量计算,排名前 20 的树种占超过 80% 的城市行道树,而其中包括许多有中等或严重花粉过敏原的树种(图 5-3)。枫树(*Acer*)、菩提（*Tilia*）、橡木（*Quercus*）都是最常见的树木科属，且具有中等或严重的花粉致敏性。图 5-4 显示了全市中度—严重致敏树种的时空分布：春季是整个城市中最活跃的花粉旺季，而夏季的花粉活动热点更为集中。曼哈顿（Manhattan）的花粉浓度相对较少，部分原因是树木基数小，布鲁克林（Brooklyn）和皇后区（Queens）在春季和夏季经历花粉暴发，而布朗克斯区（Bronx）在秋季期间花粉活动最为活跃。

纽约市行道树木总结　　　　　　　　　　　　　　　表 5-3

树木总数	树种总数	花粉活跃季节（%）				致敏程度（%）		
		春	夏	秋	冬	弱	中	强
652169	128	76%	38%	2%	0.5%	42%	34%	24%

注：某些树种有多个花粉活跃季节，通常跨春夏两季。

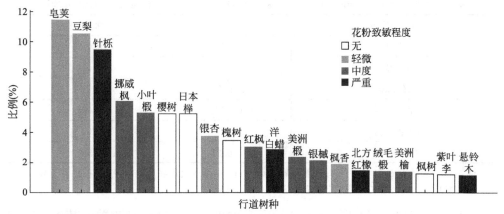

图 5-3　纽约市前 20 种常见行道树

注：前 20 种行道树占总数的 80% 以上，颜色用以区分花粉季的致敏程度。

图 5-4　不同季节的致敏花粉活动热力图

树木密度和过敏性树种的 OLS 模型结果显示，当地树种分布对哮喘住院率具有统计学意义上的显著影响（表 5-4）。行道树密度与较低的哮喘住院率相关，但花粉过敏原的影响会因物种而异。该模型的 R^2 值（0.32）并不高，这也许是由于该模型未能包括其他因素，例如吸烟行为、医疗保健预防、非处方药物摄入等情况而造成的影响。需要澄清的是，模型结果所估算的系数并不代表因果关系，而是反映了在控制行道树密度的前提下，高致敏树种与当地哮喘风险的关联性。例如红枫（Coeff＝0.04，$p \leqslant 0.01$）、美洲椴树（Coeff＝0.05，$p \leqslant 0.01$）、北美红栎（Coeff＝0.07，$p \leqslant 0.01$）都与当地哮喘发生率有显著正相关性。最值得注意的是，在给定区域中每增加 10% 的北美红栎，哮喘的就诊率就有可能增加约 7%。

基于行道树密度以及高致敏树种分布的 OLS 模型分析局部社区的哮喘住院率　　　　　表 5-4

因变量＝ln(哮喘住院率)		
解释变量(Explanatory Variable)	系数(Coefficient)	标准误差(Standard Error)
行道树密度	－0.02*	0.01
红枫	0.04***	0.01
洋白蜡	0.02*	0.01
沼生栎	0.01**	0.01
北美红栎	0.07***	0.02
美洲椴树	0.05**	0.02
样本量＝174	R^2＝0.32	F-test＝8.25***

注：＊＊＊表示在 0.01 水平下有显著差异（$p \leqslant 0.01$）；＊＊表示在 0.05 水平下有显著差异（$p \leqslant 0.05$）；＊表示在 0.1 水平下有显著差异（$p \leqslant 0.10$）。

然而，上述模型过于简单，并没有考虑到与哮喘就诊率相关的其他影响因素。通过在多元 OLS 回归模型和 GWR 模型中加入其他辅助变量，包括环境空气污染程度、依据年龄组划分的脆弱人口比例、行道树密度、花粉致敏程度、室内空气质量、公共住房所占比例等一系列指标，提高了模型的抗扰性（Robustness）[1]（表 5-5）。这些附加的变量使模型在考量树木密度和种类对哮喘就诊率的影响之外，也对其他潜在的暴露因素与敏感人群特征进行了分析。两种模型都是基于对数—线性（log-linear）关系，因此系数可以解释为变量每单位变化对当地哮喘就诊率变化（百分比）的影响。通过测算，模型的方差膨胀因子（Variance Inflation Factors，VIF）均小于 2，表明共线性未造成严重问题，且花粉致敏程度与其他变量无关。

---

[1] 有直接将 Robustness 音译为"鲁棒性"，亦有意译为"抗扰性"。

多元 OLS 回归模型与 GWR 模型分析结果　　　　　　　　表 5-5

因变量＝ln（哮喘就医率）

解释变量	OLS 模型			GWR 模型
	参数	标准差值	方差膨胀因子	整体参数
空气质量	0.03	0.14	1.7	0.03
年龄	0.04**	0.02	1.7	0.03
行道树	−0.01	0.01	1.1	−0.01
致敏程度	0.02**	0.01	1.0	0.02
室内环境	0.02*	0.01	1.3	0.02
住房	0.07***	0.01	1.2	0.07
样本量(n)=174	R^2=0.44	F-test=20.62***	全局 R^2=0.84	
赤池信息准则(AIC)		361		191

注：＊＊＊表示在 0.01 水平下有显著差异（$p \leqslant 0.01$）；＊＊表示在 0.05 水平下有显著差异（$p \leqslant 0.05$）；＊表示在 0.1 水平下有显著差异（$p \leqslant 0.10$）。

基于 OLS 模型的分析结果发现，脆弱人口比例、室内空气质量、公共住房比例与哮喘就诊率均呈正相关且具有统计学意义。值得注意的是，街头树木的致敏性系数也很明显，与室内空气质量相似。因此，分析结果为行道树种可能是呼吸健康风险的重要因素这一观点提供了新的证据。然而，该模型并未考虑可能影响过敏原程度的局部状况，例如城市中不同区域人口的基本健康状况。由于模型残差 ε_i 表现出清晰的空间布局，下文将使用 GWR 模型进一步探索这种关系中潜在的空间异质性。

城市环境与人口健康的空间差异

探索性的数据可视化显示了纽约市各社区之间哮喘患病率和相关环境因素的空间差异（图 5-5）。尽管在曼哈顿较富裕的中城和上东城附近的 $PM_{2.5}$ 浓度最高，远超过纽约市平均值，但哮喘就医率却较低，说明人口健康亦与收入水平有关。距曼哈顿中央商务区较远的社区，其脆弱人口比例会有所增加。结果显示，在布朗克斯和布鲁克林区的几个社区同时具有高比例的脆弱人口与哮喘就医率。

由于上述差异，GWR 模型的性能（AIC＝191，R^2＝0.84）比 OLS 模型（AIC＝361，R^2＝0.44）更好，并且可以反映城市不同地区邻域周边包含的变量之间的不同关系。这验证了"固定效果线性模型未能充分考虑空间异质性"的假设，而这种空间异质性可以进一步通过对具有全局统计意义的变量所显示出的具体区域差异来衡量。如图 5-6 所示，局部系数的统计分布表明，较高密度的城市

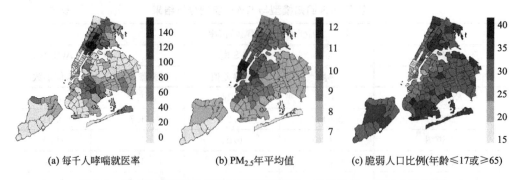

(a) 每千人哮喘就医率　　(b) PM$_{2.5}$年平均值　　(c) 脆弱人口比例(年龄≤17或≥65)

图 5-5　基于邮政编码分区的呼吸健康情况、空气质量、脆弱人口比例

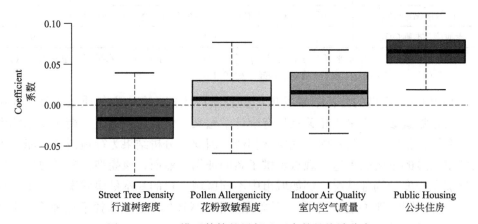

图 5-6　GWR 模型估算的局部地区参数的统计分布

注：比较了树木密度、花粉致敏程度、室内空气质量、公共住房对健康的影响，系数代表对局部哮喘发生率的百分比变化的影响。

行道树可降低哮喘的患病率，但在相对具有较高密度致敏性树种的地区，则会产生负面的健康影响。公共住房与生活条件质量和社会经济地位均紧密相关，因此显示出较为一致的局部影响。此外，结果表明室内空气质量也与哮喘就医率呈正相关。

在全局模型中，脆弱人群的比例系数和花粉变应原性系数均为正且在统计上具有显著性，但 GWR 模型的结果更进一步揭示了该系数显著的空间差异性（图 5-7）。例如，布朗克斯和布鲁克林部分地区较高的脆弱人群比例与较高的哮喘住院率相关，而史坦顿岛、皇后区和曼哈顿下城地区的系数变为负值。这表明城市中不同地区的人口特点与当地的树种花粉致敏程度存在差异，从而造成了城市行道树在微观局部的影响差异。此外，这些差异也有可能是由于某些人群有更好的健康情况或医疗资源选择，从而减少了对医院就诊的依赖[56]。与树木形成对比的是，室内空气质量和公共住房与哮喘住院率呈正相关。尽管具体系数的大小在

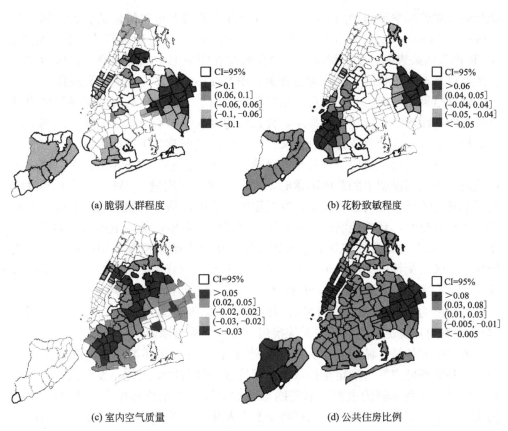

图 5-7 GWR 局部系数的空间变化及其统计意义

注：黑线加粗显示的区域在 95% 置信区间 (CI) 内具有局部重要性。

各个社区之间有所不同，但其空间差异相对较小。应该注意的是，最终的模型中排除了家庭收入变量。在单变量 log-log 回归模型中，家庭收入与哮喘发生率显著相关（$Coeff = -1.7$，$R^2 = 0.49$，$CI = 99\%$）。考虑到收入与公共住房、室内空气质量、街道树木密度之间存在多重共线性（Multi-Collinearity），加入收入变量将会为其他系数估计带来问题。

城市社区健康差异和环境正义涉及环境条件、人口统计、住房质量、交通方式、公共服务资源等多方面因素，是极其复杂的问题[34]。这项研究展示了如何通过地理加权回归（GWR）模型并利用多源空间数据集成方法，更好地了解当地环境健康状况。通过将树木普查数据与土地使用、环境质量、公民投诉、社会经济等数据进行整合，构建的模型可在高空间分辨率下评估城市行道树对公共健康的潜在影响。研究发现，与特定街道树种有关的花粉过敏性可能对哮喘住院和急诊就诊有重要影响。OLS 模型结果表明，当局部地区树木致敏性提高 10%（以具有严重花粉过敏原的树木所占比例除以给定地区的街道树总数来计算），可能会使哮喘就医率平均增加2%。对于纽约市常见的严重过敏原的物种，例如北红橡树（*Quercus rubra*）和红枫树（*Acer rubrum*），这种影响最为明显。此外，GWR模型结果表明，多种影响因素的系数存在明显的空间异质性，这可能是由社区人口基本健康状况、医疗保健资源、季节性影响等多方面的差异所致。

研究结果还发现，公共住房质量问题和室内空气质量问题对呼吸系统健康具有严重的负面影响。统计分析显示，公共住房因素与哮喘风险在全城范围都显示出正相关的联系且具有统计显著意义。同样的，根据对311投诉中反映与空气质量相关的数据发现，室内空气质量与哮喘住院率具有相似的正相关关系。值得注意的是，当控制模型中的其他因素时，并未发现空气质量（$PM_{2.5}$浓度）与哮喘就医率具有统计学上的显著关系。究其原因，这可能是由于纽约全市$PM_{2.5}$的平均浓度相对较低，且其他混杂变量减轻了其影响。例如，美国卫生与心理卫生部在2015年发布的综合性邻里健康报告《纽约市社区健康概况》中指出，布朗克斯社区1区（莫特黑文和梅尔罗斯社区）在全市儿童哮喘住院率中排名最高[57]。该社区除了空气质量差（$PM_{2.5}$水平为$10.0\mu g/m^3$，布朗克斯平均值为$9.1\mu g/m^3$，全市平均值为$8.6\mu g/m^3$），同时房屋的维护缺陷问题最严重（79%，全市第二差），而室内环境也是引起呼吸系统疾病的另一个重要原因。

需要强调的是，城市树木只是影响当地空气质量和环境健康的众多因素之一。主要的环境空气污染定点排放的地理位置（包括建筑工地、发电机、大型锅炉等）以及重型车辆的主要运输路线也会对空气质量造成影响[58]。然而，目前仍缺乏全市范围内更高频的人居环境检测以及相关的数据，这妨碍了在更高的时间频率（例如每天、每周、每月）针对社区环境健康开展更加深入的研究分析[26,59]。当前仅公开可用的哮喘健康数据属于年度汇总数据，这限制了对哮喘患病率季节性模式的调查。此外，由于纽约市的树木普查数据仅计算街道树木，因此该普查未包括公园和开放空间中的大量树木，城市公园中的树木数据缺乏也限制了一部分研究[60]。鉴于此，这项工作未来的扩展研究应当考虑城市公园和开放空间的生态效应，从而更完整地评估城市林木的健康影响。

总体而言，这项研究有助于对城市环境的公共卫生影响进行数据驱动的创新分析（图5-8）。这项探索性研究提供了城市街道树木对哮喘住院和急诊就诊率的影响的新证据，说明了高分辨率的跨域数据集成如何通过量化本地环境、土地使用和社会经济特征来解决复杂的环境正义问题。研究结果表明，尽管街头树木有助于改善空气质量，但某些树种的花粉可能是触发或加剧潜在哮喘或呼吸道疾病的过敏原。空气质量、哮喘发生率和树木花粉影响之间的空间差异表明城市局部空间环境健康的因素尚待观察。尽管此项研究目前还存在局限性，但本研究提供的模型可以从有关生态和公共卫生的城市数据中创建更高分辨率的量化见解。

城市中众多的市政机构和子信息系统产生的数据资源为改善城市管理决策和

整合城市健康数据的挑战

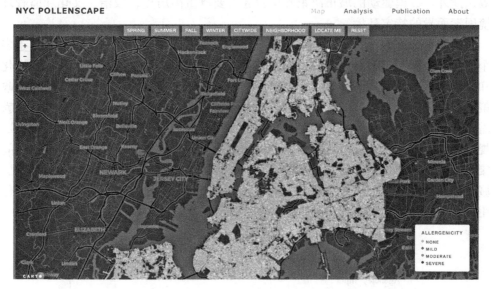

图 5-8　基于数据可视化与网站建设的信息平台 NYC PollenScape[①]

扩大公民数字信息服务提供了新机会。例如，除了上述研究验证的假设之外，还可以利用这些数据的集成方法，通过地理信息系统和基于定位的移动应用程序来服务本地居民。这类超本地知识（hyper-local knowledge）可以帮助居民了解其周边社区的城市生态环境，并采取措施更有效地管理例如花粉之类潜在的健康风险。这种多源信息的整合过程需要城市机构、规划领域专家、数据科学家以及当地社区的共同努力。

整合城市健康数据的挑战

　　城市作为复杂的物理—技术—社会经济系统，常常对数据整合的技术可行性以及开发应用的社会接受度提出挑战。首先，由于城市健康涉及到环境、技术和人员等多方面的因素，其数据整合的工作就需要基于对城市系统的科学理解、计算可行性的评估以及针对当前和预期的城市问题而做出技术与社会因素的考量。城市的数据来自于先前"智慧城市"项目的部署、城市传统基础设施、企业特定的软件应用程序等多种渠道，这使得城市数据呈现出了异构、分散且多元化的格局[61]。健康数据的格式、命名标准和空间单位在不同的城市行政尺度上有所不同，包括城市、自治市镇、社区、人口普查区、人口普查街区、邻里调查制表区

---

① 该平台详见 https：//urbanintelligencelab.github.io/NYC_PollenScape/.

等。此外，数据驱动的城市决策和运营还需要尊重因历史、政治、文化和监管环境因素而异的特定环境。

图 5-9 概括了一个城市健康数据整合的执行框架。首先，城市数据来自于多个信息渠道，包括政府与公共机构、社会公众、科技产业的投入等。这些多样化和精细度不一的数据资源需要先进行整合再开展分析。其次，鉴于参与城市政策、规划、管理和运营的专业人士并非全部具备直接解读数据的技术能力，这就需要数据分析工作将繁复的原始数据转化成易懂的分析见解。最后，城市政策、规划、管理和运营的参与者会依据分析结果，最终干预影响与城市健康直接或间接相关的因素，包括环境质量、公共服务、社区整合、经济发展等。由此可见，城市数据的整合与分析在利用数据解决城市健康问题的过程中起着核心的连接作用，是由数据转向科学决策的关键一步。

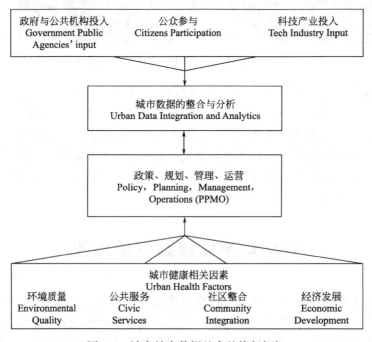

图 5-9 城市健康数据整合的执行框架

在处理城市数据的过程中，提供明晰的数据整合和分析方法对于开发可重复、可推广、可扩展的计算方案和研究路径都是至关重要的。2017 年 4 月，芝加哥大学举办了"召集城市数据科学会议"，针对城市数据科学的定义和发展展开讨论，邀请了来自政府机构、大学、私营企业、公共组织的 112 名专家展开演讲、讨论、辩论等多种形式的交流活动，对城市数据科学的现状达成了共识，即目前尚未形成一致的数据分析框架以应对城市大数据的高速增长[62]。此外，人工智能技术介入到城市健康领域也带来了新的技术问题和伦理争议，尤其是鉴于"黑盒"机器学习方法开发的算法通常缺乏可解释性，如何可靠地分析城市多种因素间的潜在关系（包括相关性与因果关系的棘手问题）与支持复杂的城市健康问题决策成为需要进一步深入探讨的问题。

　　由于城市健康问题涉及到生态环境和社会经济等多方面的因素，这需要多个城市部门通力合作以解决当前数据的管理障碍和领域壁垒，从而最终实现城市健康数据整合多部门的联动实践[63]。数据科学家在进行影响人居健康的数据计算、分析、部署时，也必须有伦理道德和社会公平正义意识。数据挖掘和分析的道德实践，尤其是在信息安全和数据隐私问题方面，对于提出负责任的数据收集方案、开发公平的算法、与城市利益相关者和当地社区保持良好的合作伙伴关系都是至关重要的[64]。在数据整合的过程中，不同类型的城市数据也有其局限性，例如调查数据的采样偏见、传感器监测数据的误差、社交媒体数据的可代表性问题等，以上的局限性使得城市数据往往无法完全客观地反映城市真实情况。鉴于此，数据科学家需要充分意识到特定数据源及其类型的局限性，并与决策者和规划者合作评估数据整合分析的可行性和潜在风险。多方面的城市健康问题需要跨学科的方法来整合自然科学、工程和设计等领域的专业知识，并联合公众参与来拓展城市健康数据整合所带来的积极影响。例如，纽约市园林局于2016年组织了为期一天的黑客马拉松"TreeCount! Data Jam"，旨在推广数据驱动的城市环境健康实践[42]。在此次活动中，城市规划学者、树木爱好者、数据科学家和大学生组成团队来分析数据、发掘研究问题、设计产品原型和数据可视化展示等。

　　有效和持续的合作伙伴关系、实现互联互通的区域性跨城市网络、多个城市实践的经验共享都是推动城市健康数据整合的关键因素[65]。例如，MetroLab Network是一个联结了美国多个城市、大学以及科研机构的科研联盟，旨在应用城市科学与民用科技促进城市可持续发展和人居质量的提升。而在具体的城市中也存在政府—学术机构—企业三方的合作机会，例如纽约市市长办公室发起了"NYCx挑战"，旨在支持当地的企业、科创公司和研究人员开展促进可持续性、人居健康、社区发展的试点项目。城市—大学—社区伙伴关系能够开发基于社区的实验性项目，并结合当地的实际问题与居民共同探索信息技术和数据科学如何在社区范围内改善生活质量，例如芝加哥大学的"物联网"项目和纽约大学的"量化社区"项目，都在当地为创新技术的实施、数据驱动运营、公众参与科学提供了机会。

　　当前，在中国城市化进程中，城市规划、设计与治理的焦点也逐渐从以土地为中心转向以人为中心。对此，中国科学院院士、中国工程院院士、清华大学建筑学院教授吴良镛先生在2018年指出，规划建设健康城市是提高城市宜居性的关键，并提议从"人居环境科学"的角度对当今的"健康城市"理论与实际进行深入研究[66]。目前，也出现了针对中国城市开展的多种智慧城市背景之下的城市健康研究、设计和治理实践创新探索，例如智慧城市生态效益的相关健康影响[67]、智能技术支持城市韧性[68]、智慧医院嵌入城市系统的实践[69]等。

综上所述，城市生活的快速数字化为开发新的研究方法和应用信息技术以促进城市健康带来了机会。随着社会日益智能化，信息愈加互联互通，跨领域数据整合和社区参与在开发数据驱动的城市科技和提升人居健康的公共服务中必将发挥重要作用。城市健康数据整合将综合利用多种技术解决社区问题和提升生活质量，并通过社区参与的形式提升公众的城市数据认知。人居科学研究将在更精细的尺度上推动城市数字化转型以及城市信息智能的应用开发。以上这些整合技术、方法和变革将逐步协同城市健康领域的合作研究，推动数据驱动的城市科学进展。

参考文献

[1] Ompad D, Calea S, Vlahov D. Urban health systems: Overview [J]. International Encyclopedia of Public Health, 2021, 7: 311-317.

[2] National Association for Public Health Statistics and Information Systems. United States small-area life expectancy project (USALEEP) [Z/OL]. https://www.naphsis.org/usaleep, 2018/2021-08-12.

[3] Robert Wood Johnson Foundation. Could where you live influence how long you live [Z/OL]. https://www.rwjf.org/en/library/interactives/whereyouliveaffectshowlongyoulive.html, 2019/2021-08-12.

[4] NYC Department of Health and Mental Hygiene. New York City Hospitals [Z/OL]. https://data.cityofnewyork.us/Health/hospital/q6fj-vxf82, 2019/2021-08-12.

[5] Boston Department of Innovation and Technology. Hospital locations [Z/OL]. https://data.boston.gov/dataset/hospital-locations, 2019/2021-08-12.

[6] Chicago Department of Public Health. Clinic locations [Z/OL]. https://data.cityofchicago.org/Health-Human-Services/Chicago-Department-of-Public-Health-Clinic-Locatio/kcki-hnch, 2019/2021-08-12.

[7] NYC Department of Health and Mental Hygiene. DOHMH health map-hepatitis [Z/OL]. https://data.cityofnewyork.us/Health/DOHMH-Health-Map-Hepatitis/nk7g-qeep/data, 2019/2021-08-12.

[8] NYC Department of Health and Mental Hygiene. New York City locations providing seasonal flu vaccinations [Z/OL]. https://data.cityofnewyork.us/Health/New-York-City-Locations-Providing-Seasonal-Flu-Vac/w9ei-idxz/data, 2019/2021-08-12.

[9] Singapore Health Sciences Authority. Retail pharmacy locations [Z/OL]. https://da-

ta. gov. sg/dataset/retail-pharmacy-locations, 2019/2021-08-12.

[10] Singapore Ministry of Health. Average daily polyclinic attendances for selected diseases [Z/OL]. https://data. gov. sg/dataset/average-daily-polyclinic-attendances-selected-diseases?viewid=8fb 8637d-c1c5-4c5e-9fbe-3f46785804b7&resourceid=dd4dcaac-aa8d-49de-a96a-b809f8d3ae0d, 2019/2021-08-12.

[11] Debarchana G, Guha R. What are we 'tweeting' about obesity? Mapping tweets with topic modeling and Geographic Information System [J]. Cartography and geographic information science, 2013, 40 (2): 90-102.

[12] Maitland J et al. Increasing the awareness of daily activity levels with pervasive computing [C] //2006 Pervasive Health Conference and Workshops, 2006.

[13] Hawn C. Take two aspirin and tweet me in the morning: How Twitter, Facebook, and other social media are reshaping health care [J]. Health affairs, 2009, 28 (2): 361-368.

[14] Randsome Y, et al. Alcohol outlet density and area-level heavy drinking are independent risk factors for higher alcohol-related complaints [J]. Journal of urban health, 2019, 96 (6): 889-901.

[15] Gunn L, et al. Environmental justice in Australia: Measuring the relationship between industrial odour exposure and community disadvantage [C] //Community quality-of-life indicators: Best cases VII, Springer Cham, 2017, 113-133.

[16] Zheng Y, et al. Diagnosing New York city's noises with ubiquitous data [C] //Proceedings of the 2014 ACM International Joint Conference on Pervasive and Ubiquitous Computing, 2014.

[17] Seidahmed O, et al. Patterns of urban housing shape dengue distribution in Singapore at neighborhood and country scales [J]. GeoHealth, 2018, 2 (1): 54-67.

[18] Schneider P et al. Mapping urban air quality in near real-time using observations from low-cost sensors and model information [J]. Environmental international, 2017, 106: 234-247.

[19] Zheng Y, Liu F, Hsieh H. U-air: When urban air quality inference meets big data [C] //Proceedings of the 19th ACM SIGKDD international conference on Knowledge discovery and data mining, 2013.

[20] Huo D, et al. An early warning and control system for urban, drinking water quality protection: China's experience [J]. Environmental Science and Pollution Research, 2013, 20 (7): 4496-4508.

[21] Lai Y, et al. Integrating non-clinical data with EHRs [C] //Secondary Analysis of Electronic Health Records, Springer Cham, 2016: 51-60.

[22] Jackson L. The relationship of urban design to human health and condition [J]. Landscape and Urban Planning, 2003, 64 (4): 191-200.

[23] Weiss K, Gergen P, Crain E. Inner-city asthma: The epidemiology of an emerging US public health concern [J]. Chest, 1992, 101 (6): 362S-367S.

[24] Mackenzie B, et al. Does neighborhood social and environmental context impact race/ethnic disparities in childhood asthma [J]. Health & place, 2017, 44: 86-93.

[25] Nam T, Pardo T. Conceptualizing smart city with dimensions of technology, people, and institutions [C] //Proceedings of the 12th Annual International Digital Government Research Conference. Digital Government Innovation in Challenging Times, 2011.

[26] Kontokosta C. The quantified community and neighborhood labs: A framework for computational urban science and civic technology innovation [J]. Journal of Urban Technology, 2016, 23 (4): 67-84.

[27] Wolch J, Byrne J, Newell J. Urban green space, public health, and environmental justice: The challenge of making cities 'just green enough' [J]. Landscape and Urban Planning, 2014, 125: 234-244.

[28] Chiesura A. The role of urban parks for the sustainable city [J]. Landscape and Urban Planning, 2004, 68 (1): 129-138.

[29] Armstrong D. A survey of community gardens in upstate New York: Implications for health promotion and community development [J]. Health & Place, 2000, 6 (4): 319-327.

[30] Miller S. Here Are Some Fun Facts About New York City's Trees [Z/OL]. https://www.villagevoice.com/2016/10/21/here-are-some-fun-facts-about-new-york-citys-trees, 2016-10-21/2019-04-10.

[31] McPhearson T, et al. Local assessment of New York City: Biodiversity, green space, and ecosystem services [C] //Urbanization, biodiversity and ecosystem services: Challenges and opportunities, Springer, 2013: 355-383.

[32] Nowak D. Assessing urban forest effects and values: New York City's urban forest [R]. US Department of Agriculture Forest Service, Northern Research Station, 2007.

[33] Columbia University Earth Institute. By the Numbers: Air Quality and Pollution in New York City [EB/OL]. http://blogs.ei.columbia.edu/2016/06/06/air-quality-pollution-new-york-city, 2016-06-06/2019-04-10.

[34] Locke D, et al. Prioritizing preferable locations for increasing urban tree canopy in New York City [J]. Cities and the Environment, 2010, 3 (4): 4.

[35] US Environmental Protection Agency. Environmental Justice [OL]. https://www.epa.gov/environmentaljustice, 2017.

[36] Corburn J. Combining community-based research and local knowledge to confront asthma and subsistence-fishing hazards in Greenpoint-Williamsburg, Brooklyn, New York [J]. Environmental Health Perspectives, 2002, 110 (2): 241.

[37] Ulmer J et al. Multiple health benefits of urban tree canopy: The mounting evidence for a green prescription [J]. Health & Place, 2016, 42: 54-62.

[38] Lovasi G, et al. Children living in areas with more street trees have lower prevalence of asthma [J]. Journal of Epidemiology & Community Health, 2008, 62 (7): 647-649.

[39] Dales R, et al. Tree pollen and hospitalization for asthma in urban Canada [J]. Interna-

tional archives of allergy and immunology, 2008, 146 (3): 241-247.

[40] Asam C, et al. Tree pollen allergens——an update from a molecular perspective [J]. Allergy, 2015, 70 (10): 1201-1211.

[41] New York City Department of Parks and Recreation. 2015 Street Tree Census Report [Z/OL]. http: //media. nycgovparks. org/images/web/TreesCount/Index. html, 2015/2019-07-14.

[42] New York City Department of Parks and Recreation. TreesCount! 2015 [Z/OL]. https: //www. nycgovparks. org/trees/treescount, 2015/2019-07-14.

[43] New York State Department of Health. New York State Asthma Data [Z/OL]. https: //www. health. ny. gov/statistics/environmental/public \ _ health \ _ tracking/health/asthma. htm, 2018/2019-07-14.

[44] Jones A. Indoor air quality and health [J]. Atmospheric Environment, 1999, 33 (28): 4535-4564.

[45] NYC 311. Indoor Air Quality Complaint [OL]. http: //www1. nyc. gov/nyc-resources/service/1163/indoor-air-quality-complaint, 2018.

[46] Aday A. Health status of vulnerable populations [J]. Annual Review of Public Health, 1994, 15 (1): 487-509.

[47] Stilianakis A, Stilianakis N. Vulnerability to air pollution health effects [J]. International Journal of Hygiene and Environmental Health, 2008, 211. 3 (4): 326-336.

[48] Akinbami L, et al. Status of childhood asthma in the United States, 1980-2007 [J]. Pediatrics, 2009, 123: S131-S145.

[49] Oraka E, et al. Asthma prevalence among US elderly by age groups: Age still matters [J]. Journal of Asthma, 2012, 49 (6): 593-599.

[50] Kazuhiko I, Silverman R. Age-related association of fine particles and ozone with severe acute asthma in New York City [J]. Journal of Allergy and Clinical Immunology, 2010, 125 (2): 367-373.

[51] Pollen. com. About Pollen. com [Z/OL]. https: //www. pollen. com/help/about, 2018.

[52] Pollen. com. Allergy Information [Z/OL]. https: //www. pollen. com/research, 2018.

[53] Brunsdon C, Fotheringham S, Charlton M. Geo-graphically weighted regression [J]. Journal of the Royal Statistical Society: Series D (The Statistician), 1998, 47 (3): 431-443.

[54] Kontokosta C, Jain R. Modeling the determinants of large-scale building water use: Implications for data-driven urban sustainability policy [J]. Sustainable Cities and Society, 2015, 18: 44-55.

[55] Fotheringham S, Charlton M, Brunsdon C. Measuring spatial variations in relationships with geographically weighted regression [C]. Recent developments in spatial analysis, 1997: 60-82.

[56] Halterman J, et al. The impact of health insurance gaps on access to care among children with asthma in the United States [J]. Ambulatory Pediatrics, 2008, 8 (1): 43-49.

[57] New York City Department of Health and Mental Hygiene. New York City Community Health Profiles [Z/OL]. https://www1.nyc.gov/assets/doh/downloads/pdf/data/2015chp-bx1.pdf, 2015.

[58] Maantay J. Asthma and air pollution in the Bronx: Methodological and data considerations in using GIS for environmental justice and health research [J]. Health & Place, 2007, 13 (1): 32-56.

[59] Jain R, Moura J, Kontokosta C. Big data + big cities: Graph signals of urban air pollution [J]. IEEE Signal Processing Magazine, 2014, 31 (5): 130-136.

[60] Zandbergen P. Methodological issues in determining the relationship between street trees and asthma prevalence [J]. Journal of Epidemiology & Community Health, 2009, 63 (2): 174-175.

[61] Harrison C, Donnelly A. A theory of smart cities [R]. IBM Corporation, 2011.

[62] University of Chicago. Convening on Urban Data Science Workshop Summary [R]. Chicago Innovation Exchange. Chicago, 2017.

[63] World Health Organization. Intersectoral action [EB/OL]. https://www.who.int/socialdeterminants/thecommission/countrywork/within/isa/en/, 2008.

[64] Bloomberg Data for Good Exchange. Bloomberg, brighthive and data for democracy launch initiative to develop data science code of ethics [OL]. https://www.bloomberg.com/company/announcements/bloomberg-brighthive-data-democracy-launch-initiative-develop-data-science-code-ethics/, 2017.

[65] Maier M. Architecting principles for systems-of-systems [J]. Systems Engineering: The Journal of the International Council on Systems Engineering, 1998, 1 (4): 267-284.

[66] 吴良镛. 规划建设健康城市是提高城市宜居性的关键 [J]. 科学通报, 2018, 63 (11): 985.

[67] Yao T, Huang Z, Zhao W. Are smart cities more ecologically efficient? Evidence from China [J]. Sustainable Cities and Society, 2020, 60: 102008.

[68] Zhu S, Li D, Feng H. Is smart city resilient? Evidence from China [J]. Sustainable Cities and Society, 2019, 50: 101636.

[69] 徐振强. 从创建智慧医院到发展健康城市 [R]. 智慧城市协同创新智库, http://www.besticity.com/domain/290358.html, 2021-01-15/2021-10-10.

第6章 城市知识的发现

在城市化相对成熟的超大城市中，可直接利用的土地十分稀缺，从而限制了新的建设。因此，现有建筑物的翻新和适应性再利用在城市再开发过程中起着核心作用。然而目前由于建筑再利用情况的数据相对缺乏，城市对建筑物翻新、再利用与再开发的活动缺乏实时且精准的量化理解。鉴于此问题，本章探讨了一种数据融合与知识挖掘过程，用于提取、分析、整合来自美国七个主要城市超过三百万个建筑项目的许可申请开放数据。作者提出了一套城市建筑活动信息整合和知识发现的分析方法，利用自然语言处理和话题建模来发掘城市建筑活动潜在的话题构成与时空分布。虽然各个城市相关的数据采集标准与定义有所差别，利用自然语言处理对非结构的文本数据进行信息提取与分析的方法可适用于不同城市，并保持不同城市原有的数据格式和定义[1]。

---

[1] 本章部分内容参见作者与 Constantine E. Kontokosta 发表的英文期刊论文。Yuan Lai, Constantine E. Kontokosta. Topic modeling to discover the thematic structure and spatial-temporal patterns of building renovation and adaptive reuse in cities [J]. Computers, Environment and Urban Systems, 78（2019），101383.

研究城市知识发现的动机

城市的政府机构拥有并维护着与城市规划、公共管理和城市基础设施投资相关的信息数据库，但这些数字资源通常被深深地"埋"在旧的信息系统环境中，并且由于其特殊的数据结构或非标准格式而致使公众和其他研究机构难以利用[1,2]。正如前面的章节所述，近年来越来越多的城市致力于推动城市开放数据平台的建设。其中，政务记录数据可以提供新的信息来源用来了解城市活动模式和社区动态。然而，城市在治理过程中产生的许多数据仅为工作信息记录，并无相关的后续分析与应用开发，数据的收集管理初衷往往也与潜在的应用价值有所不同，因此有学者将这种数据形容为"数字废气"（Digital Exhaust）[3]。若想要从这些数据废气中提取有价值的见解，就需要开发有效且可扩展的数据挖掘和分析建模技术[4]。

建筑活动反映了城市的经济、政策和社会发展，也是物资材料消耗、人口增减、能源使用、废料排放等城市动态的重要指标[5]。尤其是在已开发的城市中，稀缺的用地限制了新建筑的建设，因此建筑的改建、翻新以及现有空间的适应性再利用反映了城市的基础经济活动，可成为经济发展的主要指标。在纽约的城市行政机构中，市建筑局（Department of Buildings，DOB）负责建筑环境的安全与建设活动监管工作。然而，从市建筑局提取建筑活动数据进行研究分析却相当困难——尽管建筑局保留了建筑许可证申请、装修工作、建筑违规等详细的记录，但其主要目的是为了信息存档。因此，数据的结构与格式通常便于数据输入和档案保存，却并未充分考虑到未来这些数据是否会用于城市研究分析和数据驱动的决策治理。以上这些问题为整合多源的跨机构数据以及与公众信息共享带来了不必要的技术障碍。

本章探索一种可在不同城市推广的数据挖掘方法，用以高时空分辨率提取和分析建筑物翻新活动的数据。利用自然语言处理（NLP）和话题建模能开发一种可扩展的方法，从建筑部门记录中提取的建筑翻新和再利用信息的话题结构（*thematic structure*）和时空模式（*spatial-temporal patterns*）。本章的研究将此方法应用于美国的七个城市（纽约、波士顿、洛杉矶、旧金山、芝加哥、西雅图和奥斯汀）的建筑活动许可申请数据，演示如何使用此方法来对数据进行标准化处理，实现对具有不同定义和结构的跨城市数据集进行整合，并结合本地的地理特征、土地使用特征、社会特征等因素进行全面分析。

据作者所知，目前尚无关于使用详细建筑施工许可申请数据库进行知识发现（Knowledge Discovery and Data Mining，KDD）的系统研究。鉴于建筑活动许可证记录的信息资源，本研究旨在探索建筑改建活动的数据挖掘、整合、建模以及知识发现的分析过程，并提出了三个主要步骤：首先，需要通过整合多个城市的建筑许可申请记录信息来创建一个广泛的建筑活动数据库；其次，利用自然语言处理和话题建模来挖掘发现建筑更新与再利用活动的话题结构；最后，量化建筑活动作为城市超局部发展动力的指标，分析建筑活动时空格局与变化动态。

建筑活动（building activity）主要包括新建筑的开发与老旧建筑的拆迁和翻新，对城市的资源消耗、经济增长、社区变化有着深远的影响[6-10]。现有建筑物的改造与再利用已成为提高城市能源利用效率的主要方法，但目前由于对此类活动缺乏精准测量和实时监控，城市范围内建筑改造活动的性质、规模、后续影响仍需要根据真实数据进行更多的精细量化与分析[11]。目前，尽管已有许多城市开始提供无纸化建筑许可证在线申请服务，并在其开放数据平台上发布相关数据信息[12]，但大多仅是为了保存市民服务记录与政务公开，仍缺乏利用此类数据进行的应用分析，从而导致数字资源浪费的"数据坟墓"（Data Tombs）现象[13,14]。

建筑活动数据难以利用的另一个原因，是由于缺乏统一数据标准而造成信息难以共享的"数据壁垒"现象：通常，每个城市都根据各自特定的地理环境、管理制度、法规政策等考量来采集管理建筑许可数据，这造成了城市间缺乏约定俗成的归类划分原则、命名规范、变量定义等信息标准。尽管这样的数据管理办法充分考虑了地方行政的职能特点和具体的实际需求，这在某种程度上符合"因城施策"的治理原则，但缺乏标准化数据收集会极大地限制多个城市之间的信息共享与比较研究[15]。

与此同时，在建筑施工许可申请记录中包含的所有信息中，建筑活动内容描述是仍未被充分利用的信息资源。在北美的大多数城市中，市建筑局针对每一项建筑活动申请会要求持有职业执照的工程师或建筑师在提交许可申请时提供工作范围与施工内容的描述。这种描述通常是由申请人通过手写或在线填写的方式完成，以自由格式文本录入数据。鉴于此，自然语言处理（NLP）和机器学习可用来从大量的文本数据中提取语义和话题，并使用话题建模的方法对文本潜在的话题结构进行量化分析，从而创建一种新的、相比于常规分类方法（例如标签、分组、类别、关键词等）更加灵活的分类方法。基于此方法，城市可提高代码执行审查的效率，并进一步利用类似于在线产品推荐系统的方法，为申请人提供对建筑活动趋势的见解并提出建议。

近年来，许多城市的公共部门已开始利用新的信息技术提升城市建筑活动的管理[16-18]。据 2017 年的一项研究统计，在接受调查的 500 个美国城市中，有 35% 已开始使用在线建筑许可申请系统，自 2015 年以来两年间增长了 14%[19,20]。近年来，也有研究人员开始提出利用云计算和大数据分析框架来提升市政部门对建筑施工活动的数据管理[21]。例如，先前有研究人员结合纽约城市开放数据提出了未来的城市许可证信息管理框架，可利用机器学习算法在许可证历史记录数据基础上创建智能的推荐引擎[22]。此外，一些研究开始考虑如何改善不同领域的信息交换与数据集成过程，例如新型的数字建筑许可证信息系统填补地理信息系统（GIS）与建筑信息模型（BIM）之间的信息空白[23]。除了提升信息管理之外，建筑施工活动的数据还可以用于其他城市领域的相关应用分析[24]，例如对建筑改造与城市更新强度评估的空间模型[25]、用于灾后恢复监测的时空分析[26,27]以及评估建筑活动对房地产市场影响的计量经济学模型等[28-30]。以上的探索性研究彰显了建筑施工许可证明信息对于城市科学研究以及实际城市治理的应用价值。

建筑翻新与再利用活动在某种程度上也成为了反映城市发展和房地产市场趋势的经济指标。根据美国人口普查局收集的有关州、大都会统计区（Metropolitan Statistical Areas）以及县级（County）新住宅建造活动许可证申请的数据存档，包括住房和城市发展部以及联邦储备委员会在内的公共部门和私营部门都将建筑活动用作分析区域经济、估算抵押贷款需求、监测住房投资、预测建筑业劳动力市场与建筑材料需求的指标[31]。在城市化较成熟的区域，特别是有高密度建筑环境的城市中，建筑更新改造（building renovation）是建筑活动的重要组成部分[32]。如果能对建筑更新改造活动的地点、性质、规模和成本等进行近乎实时的检测，那么这些信息可以为了解城市建设与房地产发展趋势提供重要的指标。

除了建筑改造带来的经济影响外，人们对于此类建筑翻修活动潜在的环境影响和健康风险也提高了重视程度。具体而言，某些类型的建筑翻修活动可能会使人暴露于铅基涂料、石棉或其他具有安全风险的碎屑和灰尘中，从而对人体健康造成危害[33]。例如，美国环境保护署（Environmental Protection Agency，EPA）明确规定了11种存在铅暴露潜在风险的建筑翻新和改建活动[34]。尤其是在有较长历史的城市中，在老旧建筑中进行翻修面临着较高的环境危害暴露风险，因此城市相关管理部门必须对当地社区，尤其是脆弱群体的公共健康风险进行充分的科学评估[35]。例如，一项在纽约市进行的研究调查了装修活动期间潜在的铅暴露风险。结果表明，在翻新或维修工作期间，居住在1950年之前建造的建筑物中的儿童的血铅水平有所升高[36]。因此，通过对建筑活动（包括其位置、性质、规模等）进行更全面的监控，可以根据预期的翻修活动和建筑特点来提高公众意识，并向建筑业主和周边居民告知潜在的健康风险。

知识发现的流程

通常，知识发现过程的第一步始于数据挖掘和整合。本研究分析来自美国七个主要城市（纽约、洛杉矶、芝加哥、奥斯丁、旧金山、西雅图、波士顿）的公开建筑许可记录信息，从每个城市的开放数据平台网站中以表格格式（.csv文件）获取并整合了这些数据集。表6-1总结了各个城市建筑活动许可证申请的数量、时间范围、许可证类型、建筑物总数等信息。由于每个城市当地建筑法规的不同要求以及建筑活动的多样性，多个城市间许可证类型划分方法不一，这也反映了当前美国城市建筑施工许可证信息管理标准的多样化。具体而言，虽然所有城市都有新建（*new building*）和拆除（*demolition*）的类别，但改造更新（*renovation*）的定义范围却很广，其中包括了加建（*addition*）、装修（*retrofit*）、维修（*repair*）、更新（*renovate*）等不同的种类。此外，建造活动的分类也与具体城市的地理环境和气候条件相关，例如洛杉矶市鉴于当地的气候条件，有专设"游泳池"作为一项特定的建筑活动分类，而西雅图市则将"租户装修"作为一种特定的建筑活动类型。然而，即使每个城市的数据格式和要求有所不同，这些城市的建筑活动数据收集仍包含有一些共同的信息，例如施工活动类型、建筑识别代码、施工许可证编号、签发日期、项目预估成本、具体建筑活动描述等。表6-2以纽约市的许可申请为例，说明了此类文本数据提供的信息，包括施工范围、申请施工内容与施工涉及的主要建筑构件等。

建筑施工活动申请许可数据总结　　　　　　　　　　　　　表6-1

城市	建筑数	许可数	时间	频率	主要施工申请类型
纽约	1082349	1058547	2000—2017	每日	Major alterationb（72908）Minor alteration（816195），Minor work（228473）New construction（19463），Demolition（21508）
洛杉矶	1140678	573508	2013—2017	每周	Alteration/repair（129051），Addition（1929）HVAC（63817），New（8506），Demolition（9137），Grading（11186），Plumbing（123632），Electrical（176314），Pool（1746），Fire sprinkler（27303），Sign（8606）
芝加哥	820606	534187	2007—2017	每日	Renovation/alteration（111825），New construction（20783），Demolition（15786）Electric wiring（193736），Easy permit（145286）Elevator equipment（13123），Sign（33648）
奥斯汀	585916	433482	2000—2017	每日	Remodel（275029），Addition（24578）Addition/remodel（27988），Repair（60375）Demolition（8010），Change out（44067），Interior demolition（1617）

续表

城市	建筑数	许可数	时间	频率	主要施工申请类型
旧金山	177023	198900	2013—2017	每周	Additions/alterations/repairs（14663），New construction（349），Construction-wood（950），Over-the-counter permit（178844），Sign（3403），Demolition（600），Grade/excavate（91）
西雅图	284017	86051	2006—2017	每日	Addition/alterationb（59918），Tenant improvement（3141），New construction（14324），Demolition（4759），Curb cut（541）
波士顿	120994	96977	2009—2017	每日	Renovation-interior（31475），addition（1656），Change of occupancy（5919），plumbing（38690）Interior/exterior work（19237）

不动产的资产信息和税收记录可以作为辅助数据支持分析特定建筑物和地块特征分析建筑活动（表6-2）。许多城市已开发管理城市范围的土地使用数据库，通常包含具有唯一标识符的建筑资产及其相关的信息。以纽约市为例，城市规划部（DCP）主要负责维护土地税收批次输出（PLUTO）数据库，包括批次面积、地块标识符（BBL）、产权、地址、建筑物总建筑面积、住房单元数量、土地使用类型、税收评估、建成年份等信息[37]。通过BBL将许可数据与PLUTO合并，可用来识别建筑活动的具体地理位置（即该建筑平面几何中心点的经纬度）。建筑物信息编码系统因城市而异，例如旧金山采用了与纽约类似的系统，具有唯一的建筑物编号，而波士顿仅使用每个地块的地块标识符。尽管城市之间存在这些细节差异，上述辅助数据的整合过程基本是可通用的，仅需要在具体的数据处理时根据每个城市的建筑信息标识系统进行细微调整。

纽约建筑施工许可申请数据示例　　　　表6-2

建筑识别码（BIN#）	地块识别码（BBL）	许可类型	时间	成本（$）	描述
4159xxx	4074020xxx	Major alteration	2000/06	14098	Legalize existing attic space as living space conjunction use with 1st fl. Legalize existing cellar toilet and partitions for home occupation.
1018xxx	1008850xxx	Major alteration	2001/01	414779	Renovation of existing 4 story and cellar space, addition of new 3 story structure. Conversion of existing commercial to new 12 unit resident and commercial building.

续表

建筑识别码（BIN#）	地块识别码（BBL）	许可类型	时间	成本（$）	描述
1012xxx	1006427xxx	Major alteration	2001/06	34156	Enlarge and convert existing sunroom. Renovate existing kitchen and install new fixtures.

注：此处仅显示几个重要变量。

话题建模（topic modeling）是一种无监督机器学习技术，通常用于分析例如新闻、文学、记录文档等文本数据[38-41]。在现有的自然语言处理方法中，隐含狄利克雷分布（Latent Dirichlet Allocation，LDA）模型是一种较普遍使用的话题建模方法，已广泛应用于自动话题分类与内容推荐系统优化等算法应用中[42,43]。总的来说，LDA是一种概率图形模型，它基于从大量文本中搜集的"词袋"（bag-of-words）来创立词典，并将每个文本描述映射到相应词组与其相关的出现概率中[44]。先前的研究表明，LDA是可以不断地汇集大量文本数据，并从中进行话题发现（topic discovery）的一种有效方法[45]。

除了分析传统的文本数据，例如文献资料或稿件等，LDA也可用于新类型数据源并开发新的应用途径，例如社交媒体内容话题分类[46]、基于话题相似性来检查医院临床记录笔记中的冗余[47]或是提取在线评论文本数据中主要意见等[48]。此外，随着物联网与移动应用的普及，用户生成的时空数据快速增长，这为利用话题模型分析时空活动与事件提供了新的数据资源。此类探索性研究包括：分析带有地理标签的社交媒体帖子来划分城市中社交媒体舆情的时空分布[49]、利用话题模型来分析旅行活动[50]、绘制公众意识的地理位置[51]、跟踪电子邮件的传播时间[52]、话题模型应用于新闻推荐、Web个性化和社交媒体趋势检测等应用研究[39,53,54]。

图6-1概括了此项研究基于Python环境并结合多个开源软件包而开发的数据挖掘和知识发现框架。第一步是前期的数据准备工作，包括整合多源且异构的数据资源、数据清理（删除重复信息）、纠正错误输入等。同时根据建筑施工许可证申请中的描述，利用文本数据挖掘方法从非结构的文本中提取信息并生成结构化的列表数据。第二步是使用标记后的文本数据进行自然语言处理，并通过话题模型对文本内容中隐含的话题结构进行识别和量化分析。最后一步是将话题建模分析的结果输出与其他建筑信息相结合，从而发现建筑活动变更的时空动态和话题模式。

当数据清理完成后，文本标记过程将字句描述转化成与语法和单词序列无关的词汇列表，称之为"词袋"[55]。Natural Language Toolkit（NLTK）是基于Python环境开发的自然语言工具包，可使用该工具包删除与语义信息无直接关联

第 6 章 城市知识的发现

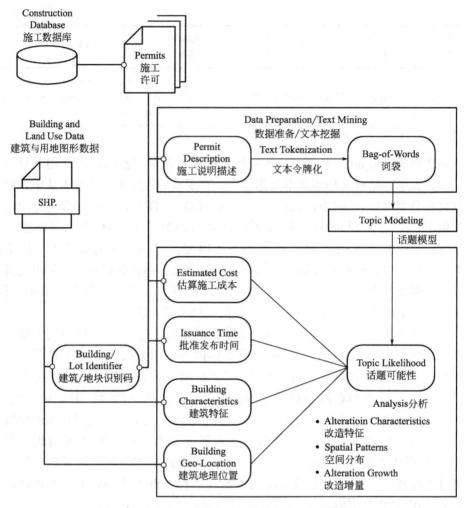

图 6-1 建筑施工申请文本数据挖掘与知识挖掘框架

的不必要的单词，例如停顿词（Stop Words）、标点符号、连词、电子邮件地址和换行符等[56]。同时，可以根据具体的数据内容来自定义一些出现频率高且对语义无影响的单词（表 6-3）。根据文本描述长度（以字符为单位）的统计分布，可删除少于 23 个字符的描述，这些样本仅占了全体样本的 0.01%。接着，可使用词性标注（Part-of-Speech Tagging，POS Tagging），将每个单词转化为它们的通用基本形式并且仅保留名词（例如设备、地窖、地下室）、动词（例如移动、安装、翻新）和形容词（例如商业、垂直、新的）。为了更加直观地检查单词之间的关系，可利用基于截断的 SVD（Truncated SVD）进行文本矢量化和数据的降维转化，并以 x-y 坐标系统在二维空间中映射单词。矢量化后的文本数据可根据词汇同时出现的概率来计算相互的语义紧密度，并在二维平面上用距离以做表示。

建筑施工许可申请工作描述文本中的常见高频词汇	表 6-3
名词	动词
program, code, file, permit, dwell, type, job, drawing, application, project, certificate	apply, issue, obtain, refer, relate, comply, provide, use, show, plan, build, submit, propose, indicate

而对于清理后的许可证描述，可利用文本挖掘算法来进行信息提取，从而得以识别热门单词、单词流行度变化及其多个词汇共同出现的概率等信息。该方法大致也分为三个步骤：首先，收集所有描述中出现过的独特词并生成词汇列表，使用此列表迭代搜索每个语句，统计全部文本中该词汇出现的次数，通过对最终词典中所有词汇的出现次数进行排序，从而确定热门的词汇。对于在同一个语句中多次提及的词汇，可仅算为一次出现，以防止计数过多。其次，可使用不同年份的数据子集通过运行上述类似的计数过程，生成特定年份的词汇词典与相应的计数，从而跟踪热门话题流行度的时间趋势。最后，可对每个热门词汇使用条件运算符来生成二进制变量以表示每条描述中是否包含有该词汇，这些二进制变量间的相关性为了解单词共同出现的可能性提供了统计量度。

话题模型

LDA 模型通常会根据文本信息层次结构组织来定义单词（Word）、文档（Document）、语料库（Corpus）和话题（Topic）等多个概念[42]。话题是根据语料库文档中的单词袋而总结提炼的抽象的语义集合。对于具有大量文本的语料库，由于模型事先对于这些文本的内容并不了解，所包含"话题"的数量未知且具体的话题性质也未知，因此可认为这些话题是"潜在的"[57]。在 LDA 中，每个话题表示从语料库收集的单词的概率分布，而文档则体现了话题的概率分布。在语料库层面上，每个话题均包含有相关单词在此特定话题中出现的概率分布。LDA 将每个话题概括为 N 维的向量，代表了所有特殊词出现的不同概率。由于所标识的话题事先并不明确，因此 LDA 依据高概率的显著词汇（Salient Words）来表示每个话题组的语义话题。需要强调的是，这些显著词汇并不完全隶属于某个单独的话题，可以以不同的显著度出现在多个不同话题中。LDA 模型的输出使用 K 个不同的百分比（总计为 1）来量化描述其话题的构成（Thematic Composition），这些百分比总计为描述中所有 K 个话题的比例。

LDA 模型根据话题描述的可能性客观地量化每个描述的话题构成，并可使用 pyLDAvis® 进一步检查模型输出和确定话题[58-61]。话题建模的分析结果将每个文本描述量化为一系列的概率度量，总结了不同话题的比例。如果话题的构成不均匀,则挑选概率最高的话题项。例如,假设话题模型确认共有 3 个潜在话题,如果一个具体的文本包含有 14% 的话题 1、59% 的话题 2 和 27% 的话题 3,则可以推断该文本的内容主要与话题 2 相关。与典型的聚类(Clustering)或分类(Classification)方法不同,LDA 话题模型并不会假设每个文本隶属于单独的话题,并将数据点分配为不相交的集合。因此,鉴于每个具体的建筑活动有可能涉及多种施工内容,LDA 话题模型用在此类数据分析中是恰当的。

而与无监督学习的 K 均值聚类方式相似,LDA 需要预定义潜在话题数量 k,通常是根据专业领域知识、研究目标、使用案例或实际经验来决定的[62]。一种常见的做法是从相对较少的话题开始,然后在每次迭代中增加话题数量,并检查显著词汇在话题之间的显示方式。为了确定不同的话题,可通过对词汇出现的频率进行排名,然后以显著词来概括每个话题。这些最突出的词汇表示每个话题的话题种类[63]。例如,如果某个话题的显著词为"翻新""翻修"和"升级",则该话题更可能与建筑改造有关。最终模型选择了三个话题,从而与建筑改造、用途变更、增建加高等主要建筑活动保持一致。

鉴于话题模型使用 k 个概率度量作为构成数据量化每个描述,可使用 Plotly® 根据每个建筑活动描述的话题概率生成三元图(Ternary Plot)来可视化其话题构成[64]。三元图根据其三个变量 v_1,v_2,v_3 以图形方式将每个数据点映射在一个等边三角形之中。通过将数据可视化为具有 k 个代表所有话题的 k 个顶点的 $k-1$ 个边的几何图形,该方法可以扩展 k 个话题。此外,可根据话题概率 π_1,π_2,π_3 重新换算到 0 到 255 之间的范围,从而可将三个概率映射为 RGB(红绿蓝)配色方案中的某个具体颜色值。

上述对多个城市的数据整合过程建立了一个全面的建筑施工活动项目数据库($n=1408339$)。每个数据点包含有类似的信息,包括许可证标识符、发放日期、许可证类型、估计成本、经纬度、特定于城市的建筑物标识符以及地块标识符等,同时还保留了原始许可证的类型,并将数据重新分组为改造(Renovation)、新建(New buildings)、拆除(Demolition)三个大类。跨城市的比较显示了三种建筑活动类型的相对比例(图 6-2a)。例如,马萨诸塞州波士顿市颁发的建筑改造许可占总建筑施工活动许可的 90% 以上。相比之下,得克萨斯州奥斯汀市的新建和改建百分比大致相同(均占总许可的 40%),这表明这些数据也许可以帮助理解不同城市发展和再开发的本地模式。在所研究的城市中,建筑活动许可申请说明描述的文字长度从 20 到 150 个字符不等(图 6-2b)。洛杉矶市最多只能允许 75 个字符,这可能是由于其在线归档系统设置所致;因此,最终的话题建模分析中并不包括洛杉矶市。通过删除表 6-3 中定义的不必要的高频词汇、连词和通用术语后,共收集了 54023 个独特的词语,总共出现了 4,448,998 次。最常出现的词语包括描述具体的建筑部件(例如管道、固定装置、框架、水系统),

进行改造工作的空间位置（例如厨房、卧室、浴室、门廊、车库）以及提议采取的具体措施（例如转换、翻新、更换、改型、维修）。

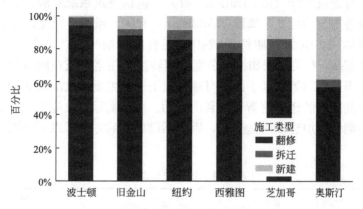

(a) 不同城市的建筑活动许可申请所包括的类型分类

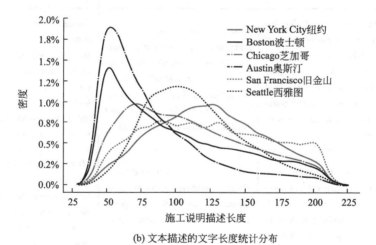

(b) 文本描述的文字长度统计分布

图 6-2　城市建筑活动的类型分类与文本描述的文字长度

建筑活动话题发现

　　LDA 话题模型虽并未明确标识话题，但可以从各自话题中识别的显著词汇中来推断基本话题（表 6-4）。需要注意的是，LDA 模型不会将某个单词专门分配给一个话题，因此一个单词可能会出现在多个话题组中。假设话题模型捕获了带有多个显著词汇的上下文语境，则有必要将每个单词和同一话题组中的其他单词一起解释。在话题组中，某些词相对频繁地出现在一个话题中（在表 6-4 中以粗体标注显示），并且在不同城市中保持一致。这表示，话题模型发现了相对存在基本区别的三个话题，且这样的话题分类在多个城市的文本中显示出了一致性。话题 1 与建筑翻修（Renovation）有关，包括建筑系统升级、更换固定装置或添加新设备等。话题 2 与加建（Addition）有关，通常涉及更改当前建筑物的物理结构或体积，例如添加楼层或扩展现有的楼层平面；话题 3 与用途改变（Change of Use）有关，例如将办公室空间转换为住宅，或在原有建筑空间中添设新的餐饮用途空间等。基于此，可通过以上三种主要建筑活动话题的概率分布来描述城市范围内的建筑更新与再利用活动。由于实际建筑施工项目通常涉及到不同比例的翻修、加建或用途变更，因此话题模型的方式可以更全面地量化施工的具体内容。

各话题中识别的显著词汇　　　　　　　　　　表 6-4

	话题 1 （翻修）	话题 2 （加建）	话题 3 （改变用途）
纽约	**plumbing** partition **interior** install **fixture renovation** convert minor **kitchen** unit **bathroom** change cellar room work plan **mechanical** stair floor wall roof **renovate** remove basement **boiler** finish construction exterior window **plumb**	conversion propose **extension** rear **addition** enlargement **vertical horizontal** family residence building occupancy legalize **add** cellar plan attic legalization build floor renovation **construct** submit frame **erect** yard **deck** bedroom house **porch**	**change convert** building **office store** file cellar amend **residential** floor **legalize** obtain basement **apartment commercial** create construction **occupancy** build extend single remove **eat** apt bulk **medical** accessory conjunction road **retail**
波士顿	kitchen floor **bathroom** wall paint **renovate** tile **cabinet electrical** unit ceiling remove **interior** remodel **plumbing bath** door room finish partition drywall demo plaster **light fixture** carpet vanity add **hvac shower**	window repair **structural** door change **remove exterior** roof **basement** rear **deck** wall **porch** damage **stair** vinyl trim water wood entry house interior need building board paint insulation **frame concrete rebuild**	**office** include sprinkler **change interior** renovate **occupancy** permit **restaurant egress** unit alarm room **store retail** finish minor build **tenant** equipment upgrade apartment demolition mechanical single addition **residential** scope lobby **storage**
旧金山	sprinkler **retrofit** soft change ordinance maher **compliance seismic upgrade** require revision separate **mandatory** alarm construction building wall structural door exterior provide office work retail finish service restaurant floor nfpa	addition rear bathroom deck remodel bedroom **roof** window **stair** interior kitchen room level garage road **horizontal floor** door bath **exterior** renovate **basement** yard **vertical remove facade** rehab ground finish wall	unit **ordinance** addition **legalize** kitchen antenna ground remove **legalization residential** propose **convert comply storage** floor cabinet studio **equipment** accessory building roof add modify wall maher build panel

续表

	话题1 （翻修）	话题2 （加建）	话题3 （改变用途）
芝加哥	wall **electrical** room revision antenna equipment remove door site **kitchen bathroom** window addition **repair** exterior change roof previous **plumbing mechanical** unit facility associate **fixture** service structural masonry **upgrade** ceiling parking	single **basement addition** interior residence rear **deck frame** residential **stair** unit **garage** wood masonry brick **erect roof** open repair renovation plumbing electrical **exterior** new **remodel** violation car building dormer	interior **office** inspection conditional cert **tenant** correction plumbing renovation electrical floor **change** build **retail** audit **suite** partition **restaurant** mechanical **business occupancy** certified **commercial** propose certify demolition work include
西雅图	close incomplete expire accessory garage addition alter **seismic** remove basement wall **voluntary** parking family structure rear detach detached foundation **retrofit** convert **upgrade** single retain complete **inspection** final portion review expired	**addition** interior **deck basement** inspection repair window kitchen bathroom **roof remodel** exterior main **structural remove** door **stair** wall **porch** replace non damage unit floor replacement **bedroom** kind enclose entry portion	**tenant** improvement oce occupy **commercial** change interior **retail restaurant** portion structural minor non **suite** antenna facility corner communication service center **equipment** road **medical rooftop** mechanical **warehouse mix** utility include floor
奥斯汀	**elec** residence service **hvac** new **water** exist residential **heater upgrade** eud line **repair** service **watt** story **gas** loop meter city **plumbing** refer home **electrical** outside sf **replace** commercial	**addition remodel** bathroom kitchen **add** garage room **porch** window residence wall **bedroom** interior sf repair **partial exterior** door demo **deck** remove plumbing **rear roof** create closet electrical cover light wood	remodel interior **office change tenant** create **retail** finish duct work complete admnbus air heat central service **restaurant** prof finish **suite medical** personal unit **residential** apt administrative **sale** restroom **apartment** building

  图6-3进一步揭示了城市建筑改建活动的空间分布及其如何受到城市形态（密度、到市中心的距离、街道网络）、建筑物类型（单户、多户、公寓）、分区规则和土地所有权类型等因素的影响。可以观察到在波士顿、芝加哥和西雅图三个城市建筑活动的话题模式与其到中央商务区（Central Business District，CBD）的距离相关，表明市中心的装修活动更多，这可能与城市中心的现有老旧建筑存量大以及较高的房地产价值有关。

  时间序列分析（Time-Series Analysis）则揭示了不同城市中建筑施工活动的长期变化。图6-4（a）显示了各个城市建筑物变更许可证颁发的季度百分比变化。奥斯汀、西雅图、波士顿和旧金山随时间发生了正向变化，表明建筑改造活动的持续增长。奥斯汀的变化增长率在2010年达到顶峰然后下降，这与波士顿和旧金山的趋势相似。与之形成对比的是，纽约市自2007年以来的变化率为负，

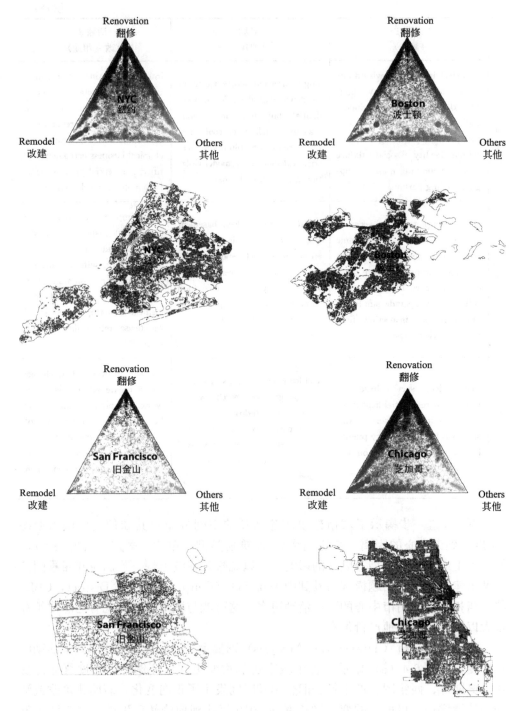

图 6-3 建筑改建活动的话题特征与空间分布（一）

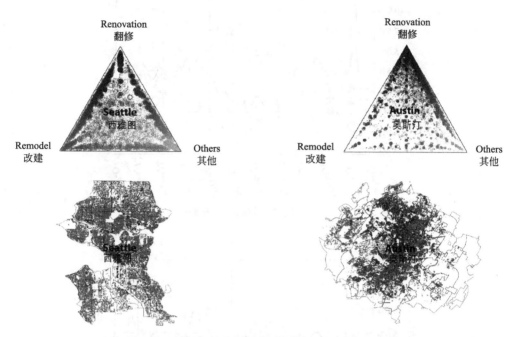

图 6-3　建筑改建活动的话题特征与空间分布（二）

这意味着该市的建筑改造活动在逐年减少。这种趋势可能反映了由 2007 年至 2010 年纽约市次级抵押贷款危机所造成的深远影响。图 6-4（b）显示了基于建筑改造许可数量和估算成本改造总支出的百分比变化。与图 6-4（a）相反，纽约市的总支出从 2012 年到 2016 年恢复了正增长，这可能是由于每个改造项目的平均成本增加所致。图 6-4（c）衡量了每个施工项目预估支出的中位数，在某种程度上反映了不同城市的施工成本。项目成本的增加可能是更加昂贵的装修设计费、人工成本增加、项目工期延长等多方面原因共同造成的结果。图 6-4（d）显示了每个项目的季度平均翻新概率，这是与所有其他改建类型相比的翻修（Renovation）可能性。根据话题模型输出结果，总体平均话题概率表明了建筑物翻修的发生率（奥斯汀＞波士顿＞纽约市＞芝加哥＞旧金山＞西雅图）。结果表明，施工活动虽然有随着季节的变化波动，但大多数城市整体的翻新概率基本保持稳定，旧金山和波士顿的建筑翻新概率呈下降趋势。

文本挖掘过程可以计算每个显著词汇在不同年度中的出现次数，以此可对显著词汇的年度变化进行追踪，并以出现频率的排名作为文本话题随时间变化的指标。图 6-5 显示了从 2000 年到 2017 年显著词汇的出现概率变化，以纽约市为例，某些单词的流行率在这 8 年来发生了巨大变化。"结构改造"（Remodel）是最流行的显著词，"扩大"（Extension）、"转换"（Convert）、"合法化"（Legalize）也是排名靠前的词语。值得特别注意的是，"锅炉"（Boiler）一词的出现率

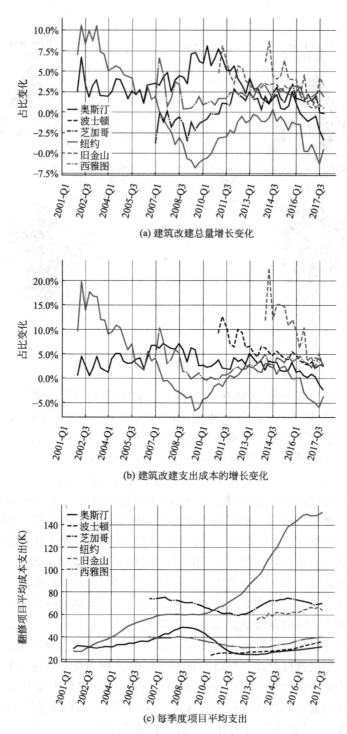

图 6-4 时间序列数据分析（一）

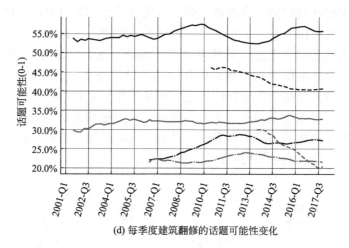

(d) 每季度建筑翻修的话题可能性变化

图 6-4 时间序列数据分析（二）

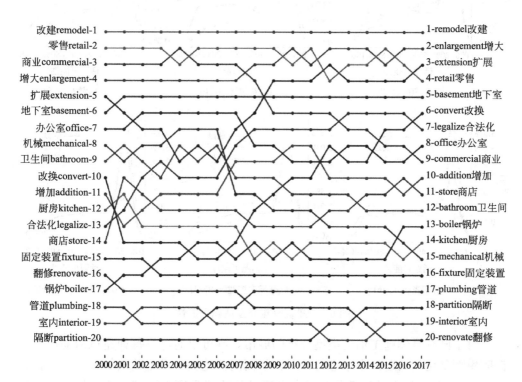

图 6-5 纽约市建筑改造活动显著词汇年度流行度排名

在这几年来有所增加，这也许反映了纽约市同期的当地立法要求更换旧燃油锅炉的政策影响。

鉴于大多数城市并未基于建筑翻修类型来定义施工活动申请，基于建筑施工许可申请文本的话题模型生成的概率输出可用来估计建筑翻修的可能性，为城市的建筑活动管理提供了新的信息支持。以纽约市为例，其建筑施工许可申请中并未要求申请人明确定义拟进行的活动属于"翻修"还是"加建"，但申请表中提供了预定义的复选框供申请人划钩确认一些具体的施工项目，例如锅炉、管道、扩建等。这些分类变量为验证具体的施工类型提供了更精准的证据。话题模型的结果揭示了特定施工类型如何与不同话题可能性分布相关联（图6-6）。其结果表明，与机械和锅炉相关的决策在翻修时具有较高的话题可能性，扩大面积或增加层数在改结构时有较高的话题可能性。

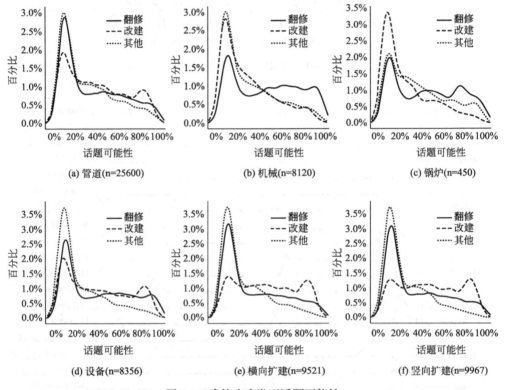

图 6-6　建筑改建类型话题可能性

对于已有具体施工活动类型分类的城市，则可以通过将每种建筑活动类型与话题模型量化的话题概率来进行比对，从而间接地验证模型输出结果。例如，表6-5显示了基于波士顿和奥斯汀城市自定义的改建类别中不同的话题构成。结果揭示了原始类别与其话题之间的关联（例如，类别"Renovations-Interior"包含与翻修相关的56.3%文字内容）。此外，这样的比对分析可帮助识别最初被划分在其他类别中但具有较大翻修可能性的建筑活动。

波士顿与奥斯汀建筑改造活动的话题构成以及与该市自定义的施工类型比对

表 6-5

城市	初始类别	平均话题可能性		
		翻修	加建	用途变更
波士顿	室内翻修	56.3%	26.0%	17.7%
	加建	16.7%	37.8%	45.5%
	室内/外施工	25.0%	56.1%	18.9%
	居住率变更	13.2%	15.6%	71.2%
奥斯汀	修葺	53.9%	36.3%	9.8%
	更换	60.2%	8.0%	31.8%
	改建	29.0%	23.8%	47.3%
	加建	11.1%	80.8%	8.1%
	加建和改建	7.5%	84.7%	7.8%

基于文本数据分析的建筑活动信息智能

传统的城市建筑活动信息管理系统往往基于明确的分类，其目的是将每个建筑活动划分到一个具体类型中。然而在实际中，大多数施工活动是多重的，例如增建（通过增加房间、拆除墙壁、改变结构来扩大建筑面积）和翻修（更新当前的建筑系统和室内装修）的施工项目经常会在一个建筑活动中同时开展。因此，复杂的施工活动很难被划分到单一类型之中，而这些类型也并不是彼此孤立的。因此，如表 6-6 所示，大多城市很少为每种建筑物变更类别提供明确精准的定义，而对于建筑物变更活动术语的定义也是众说纷纭。话题建模通过基于许可证描述的话题结构来量化建筑活动的构成，为了解城市建筑活动提供了新的途径，从而提供了一种对信息"软分类"的方法以及城市建筑活动内容话题的发现模式。

关于建筑改造翻修相关类型定义的不同描述

表 6-6

名称	定义	信息来源
翻修	翻新涉及改造和更新过时或损坏的结构、设备、材料，或部分拆除或重新配置变更内部隔断	纽约市建筑局
	通过外观变化来更新现有建筑结构	房屋交易网站 Realtor.com

续表

名称	定义	信息来源
翻修	翻新意味着重新更换新的设备和装修。例如为一个老旧的厨房更新新的饰面和固定装置。用新窗户更换旧窗户也是一项翻修工程	房屋交易网站 Zillow.com
	修复老旧建筑,包括翻新厨房、浴室或车库改造	建筑业主网站 homeadvisor.com
	包括建筑外表皮、建筑结构、机电系统、服务系统或场地施工	美国绿色建筑理事会
加建和改建	对现有房屋的扩建或改造,包括二层加建、天窗、占地面积扩大、内部配置或加装电梯	西雅图市建设施工与验收局
加建	包括加建新房间、阳光房,根据当地法规建造露台、门廊、平台等,也包括会增加室内暖气空间的封闭车库	建筑业主网站 homeadvisor.com
	通过拆除或加建来改变结构	房屋交易网站 Realtor.com
改建	对现有房屋的任何类型的改变,包括改变整体房屋或一部分房间的特征	房屋交易网站 Zillow.com
	建筑室内改造或修复,更新现有房屋的外观,或在不改变建筑面积的情况下更改使用	美国奥斯汀市
结构改造	通常涉及建筑结构改变,例如增加或移除承重墙、加建阁楼或地下室空间等	建筑业主网站 homeadvisor.com
改造	将建筑附属的门廊、车棚、车库等改造成室内生活空间	美国奥斯汀市
改用	改变当前该空间的用途-例如在办公室空间中开设一家零售店,或将办公空间改成零售空间	西雅图市建设施工与验收局

诚然,上述研究仍存在有局限性,需要未来进一步的改进。首先,鉴于 LDA 是一种无监督的生成概率方法,需要预先定义潜在话题的数量 k,因此通过文本发现的三个话题并不是绝对的。虽然可通过迭代计算优化话题相关度来确定最佳的 k 值,但此方法产生的 k 值通常会过大,从而产生过多的话题使其结果难以理解。而另一方面,较小的 k 可能会导致模型过于粗糙,无法识别出独特的话题[61]。由于本研究的主要目的是用固定数量的话题组客观地分解每个文本描述,其话题的独特性是相对的,因此较小的 k 值可以保持输出的可解释性以及可视化的直观性。其次,LDA 话题建模将每个描述与 k 个话题概率进行映射,但它无法捕获话题之间的相关性。为了解决上述限制,可使用贝叶斯非参数模型(Bayesian non-Parametric Models)并利用具有层次关系的话题树(Hierarchical Topic Tree)来优化 k 值参数[55]。

再次，本研究假设文本的顺序是可交换的，且与时间和位置无关，这是大多数话题模型所采用的一个假设。然而，近期也有研究指出，当话题会随着时间而变化时，可能需要利用话题随时间变化（Topic-over-Time，ToT）的模型将文本和时间都纳入生成过程中，从而得以进行更加精确的话题识别[65]。最后，确定每个话题的性质依赖于人对其相应的显著词汇的主观解释，这就需要分析人员具有丰富的建筑建造与翻修方面的专业知识与施工经验。先前的研究表明，关于单词共同出现可能性的领域知识亦可以用作改进 LDA 先验模型[66]。因此，未来可邀请包括建筑局的管理人员、建筑师以及施工承包商在内的专家组进一步验证话题模型并改善城市建筑活动的信息智能框架。

而在实践中，上述研究将有助于开发数据驱动的智能应用，帮助城市从许可证申请信息中识别建筑翻修项目。如本章前言所述，发达国家的大多数城市已经高度城市化且开发用地稀缺，翻修已超过新建成为了主要的建筑施工活动，同时考虑到建筑通常至少占城市碳排量的 30%，亟需更全面地了解城市建筑施工活动[5,67,68]。上述研究结果表明，使用自然语言处理（NLP）技术可开发相对灵活的算法用来分析建筑施工活动数据并量化建筑翻修的可能性，这为开发用于近实时的建筑活动数据分析以及数据驱动的决策支持提供了一些方法学的基础。

基于许可证申请文本的话题模型建立在广泛的数据检查和探索性分析的基础之上，从而得以挖掘多个城市不同形式数据中的共同变量。尽管上述数据处理流程是可复制和推广的，但并不建议用机器学习完全取代当前的申请许可类型分类。该研究提供了一种新方法来补充并完善建筑活动信息的分类，同时也能保留各个城市自定义的现有类型划分。从城市规划的角度来看，每个城市的建筑活动因其多样的地理位置、城市空间形态、建筑密度、城市化程度以及人口特点而有所不同。上述研究仅基于几个具体城市，城市治理、规划、设计等实践应尊重城市的独特性，遵循"因城施策"的基本原则。因此，作者建议其他城市应当根据当地的法律法规、市政管理规定和技术惯例进行适当的数据检查，而不应盲目地采用上述方法进行城市数据计算。

本章的探索性研究试图通过对建筑施工许可证文本描述进行分析，利用自然语言处理发现建筑改建活动的话题结构。该研究开发了一种通用且可复制的方法来从多个城市的数字许可证中提取常见变量并处理文本数据。与传统城市规划设计开发项目不同，建筑改造活动通常是由业主主导而自发进行的，因此利用申请许可信息进行数据分析的新颖方法也为更深入了解微观的城市更新活动提供了可能。而基于大数据和机器学习的话题建模可对复杂的建筑施工决策进行概率量化分析，在科学意义上为未来建立更加智能化与个性化的城市信息服务平台奠定了基础。

总体而言，本章阐述了基于文本信息的数据挖掘与话题建模方法，以用来分析城市建筑改造活动的内容与时空分布特征。通过这种相对灵活且可推广的计算方法，对美国多个城市的建筑施工许可申请数据进行了应用分析。研究结果表明，非结构的文本数据挖掘和话题模型能够揭示更加微观和实时的城市建成环境变化动态。这种方法在未来可以帮助城市通过数据科学更好地监控建筑活动，分析建筑改建的行为决策，并促进绿色建筑和更加可持续的城市更新。

参考文献

[1] Luis B. The uses of big data in cities [J]. Big Data, 2014, 2 (1): 12-22.

[2] Kontokosta C. Urban informatics in the science and practice of planning [J]. Journal of Planning Education and Research, 2018, 0739456X18793716.

[3] Harford T. Big data: A big mistake [J]. Significance, 2014, 11 (5): 14-19.

[4] Ratti C, Oenhuber D. Decoding the city: Urbanism in the age of big data [M]. Birkháuser, 2014.

[5] Sartori I, et al. Towards modelling of construction, renovation and demolition activities: Norway's dwelling stock, 1900-2100 [J]. Building Research & Information, 2008, 36 (5): 412-425.

[6] Lees L. Super-gentrification: The case of Brooklyn heights, New York City [J]. Urban Studies, 2003, 40 (12): 2487-2509.

[7] Helms A. Understanding gentrification: An empirical analysis of the determinants of urban housing renovation [J]. Journal of Urban Economics, 2003, 54 (3): 474-498.

[8] Juan Y, Gao P, Wang J. A hybrid decision support system for sustainable office building renovation and energy performance improvement [J]. Energy and Buildings, 2010, 42 (3): 290-297.

[9] Melo A, Goncalves A, Martins I. Construction and demolition waste generation and management in Lisbon (Portugal) [J]. Resources, Conservation and Recycling, 2011, 55 (12): 1252-1264.

[10] Beccali M et al. Energy retrofit of a single-family house: Life cycle net energy saving and environmental benefits [J]. Renewable and Sustainable Energy Reviews, 2013, 27: 283-293.

[11] Kontokosta C. Energy disclosure, market behavior, and the building data ecosystem [J]. Annals of the New York Academy of Sciences, 2013, 1295 (1): 34-43.

[12] Shadbolt N et al. Linked open government data: Lessons from data. gov. uk, IEEE Intelligent Systems, 2012, 27 (3): 16-24.

[13] Fayyad U, Uthurusamy R. Evolving data into mining solutions for insights [J]. Communications of the ACM, 2012, 45 (8): 28-31.

[14] Neef D. Digital exhaust: What everyone should know about big data, digitization and digit-

ally driven innovation [M]. London: Pearson Education, 2014.

[15] Ku M, Gil-Garcia R. Ready for data analytics?: Data collection and creation in local governments [C] //Proceedings of the 19th Annual International Conference on Digital Government Research. Governance in the Data Age, 2018.

[16] Goldsmith S, Crawford S. The responsive city: Engaging communities through data-smart governance [M]. New York: John Wiley & Sons, 2014.

[17] Naik N, et al. Do people shape cities, or do cities shape people? The co-evolution of physical, social, and economic change in five major US cities [R]. National Bureau of Economic Research Working Paper Series, 2015, no. 21620.

[18] Lane J. Building an infrastructure to support the use of government administrative data for program performance and social science research [J]. The ANNALS of the American Academy of Political and Social Science, 2018, 675 (1): 240-252.

[19] Riggs W, Chavan A, Steins C. City Planning Department Technology Benchmarking Survey 2015 [Z/OL]. https://www.planetizen.com/node/73480/city-planning-department-technology-benchmarking-survey-2015, 2015-01-27/2018-02-21.

[20] Riggs W, Chavan A, Steins C. City Planning Department Technology Benchmarking Survey 2017 [Z/OL]. https://www.planetizen.com/node/90628/city-planning-department-technology-benchmarking-survey-2017, 2017-01-11/2018-02-21.

[21] Eirinaki M, Dhar S, Mathur S. A cloud-based framework for smart permit system for buildings [C] //2016 IEEE International Smart Cities Conference (ISC2), 2016.

[22] Eirinaki M, et al. A building permit system for smart cities: A cloud-based framework [J]. Computers, Environment and Urban Systems, 2018, 70: 175-188.

[23] Chognard S, et al. Digital construction permit: A round trip between GIS and IFC [C] //Workshop of the European Group for Intelligent Computing in Engineering, 2018.

[24] Hvingel L, Baaner L, Schrøder L. Mature e-Government based on spatial data-legal implications [J]. International Journal of Spatial Data Infrastructures Research, 2014, 9: 131-149.

[25] Brandão F, Correia R, Paio A. Measuring urban renewal: A dual kernel density estimation to assess the intensity of building renovation-case study in lisbon [J]. Urban Science, 2018, 2 (3): 91.

[26] Stevenson J, et al. Using building permits to monitor disaster recovery: A spatio-temporal case study of coastal Mississippi following Hurricane Katrina [J]. Cartography and Geographic Information Science, 2010, 37: 57-68.

[27] Hee M G. The power of participation: Explaining the issuance of building permits in post-Katrina New Orleans [J]. Urban Affairs Review, 2014, 50 (1): 34-62.

[28] Pollakowski H O. Data sources for measuring house price changes [J]. Journal of Housing Research, 1995: 377-387.

[29] Fisher L, Lambie-Hanson L, Willen P S. A profile of the mortgage crisis in a low-and-moderate-income community [C] //The American mortgage System: crisis and reform,

2011: 137-158.

[30] Hernández-Murillo R, Owyang M T, Rubio M. Clustered housing cycles [J]. Regional Science and Urban Economics, 2017, 66: 185-197.

[31] U. S. Census Bureau. Building Permit Survey [J]. Tech. rep. U. S. Census Bureau, 2018.

[32] Bendimerad A. Developing a leading indicator for the remodeling industry [R]. Joint Center for Housing Studies of Harvard University, 2007.

[33] New York State Department of Health. Lead Exposure During Renovation and Remodeling [EB/OL]. https://www.health.ny.gov/environmental/lead/renovation_repair_painting/index.htm, 2015/2018-02-21.

[34] United States Environmental Protection Agency. Lead Exposure Associated with Renovation and Remodeling Activities: Environmental Field Sampling Study Summary Report (EPA 747-R-96-005) [R]. https://www.epa.gov/lead/lead-exposure-associated-renovation-and-remodeling-activities-environmental-field-sampling, 1997-05/2018-02-21.

[35] Centers for Disease Control and Prevention. Children with elevated blood lead levels attributed to home renovation and remodeling activities-New York, 1993-1994 [J]. Morbidity and Mortality Weekly Report, 1997, 45 (51-52): 1120.

[36] Reissman D B, et al. Is home renovation or repair a risk factor for exposure to lead among children residing in New York City [J]. Journal of Urban Health, 2002, 79 (4): 502-511.

[37] New York City Department of City Planning. PLUTO and MapPLUTO [Z/OL]. https://www1.nyc.gov/site/planning/data-maps/open-data/dwn-pluto-mappluto.page, 2016/2018-02-21.

[38] Wallach H M. Topic modeling: beyond bag-of-words [C] //Proceedings of the 23rd International Conference on Machine Learning. Pittsburge, 2006.

[39] Wang C, Blei D M. Collaborative topic modeling for recommending scientific articles [C] //Proceedings of the 17th ACM SIGKDD International Conference on Knowledge Discovery and Data Mining. San Diego, 2011.

[40] DiMaggio P, Nag M, Blei D M. Exploiting affinities between topic modeling and the sociological perspective on culture: Application to newspaper coverage of US government arts funding [J]. Poetics, 2013, 41 (6): 570-606.

[41] Wang Y, Bowers A J, Fikis D J. Automated text data mining analysis of five decades of educational leadership research literature: Probabilistic topic modeling of EAQ articles from 1965 to 2014 [J]. Educational Administration Quarterly, 2017, 53 (2): 289-323.

[42] Blei D M, Ng A Y, Jordan M I. Latent dirichlet allocation [J]. Journal of Machine Learning Research, 2003, 3: 993-1022.

[43] Nguyen D Q, et al. Improving topic models with latent feature word representations [J]. Ransactions of the Association for Computational Linguistics, 2015, 3: 299-313.

[44] Chuang J, Manning C D, Heer J. Termite: Visualization techniques for assessing textual topic models [C] //Proceedings of the International Working Conference on Advanced Visual Inter-

faces，2012.

[45] Hong L，Davison B D. Empirical study of topic modeling in twitter [C] //Proceedings of the First Workshop on Social Media Analytics，Santiago，2010.

[46] Martin M E，Schuurman N. Area-based topic modeling and visualization of social media for qualitative GIS [J]. Annals of the American Association of Geographers，2017，107 (5)：1028-1039.

[47] Raphael C et al. Redundancy-aware topic modeling for patient record notes [J]. PloS one，2014，9 (2)：e87555.

[48] Titov I，McDonald R. Modeling online reviews with multi-grain topic models [C] //Proceedings of the 17th International Conference on World Wide Web，2008.

[49] Hu B，Ester M. Spatial topic modeling in online social media for location recommendation [C] //Proceedings of the 7th ACM Conference on Recommender Systems，2013.

[50] Samiul H，Ukkusuri S V. Urban activity pattern classification using topic models from on-line geo-location data [J]. Transportation Research Part C：Emerging Technologies，2014，44：363-381.

[51] Debarchana G，Guha R. What are we tweeting about obesity? Mapping tweets with topic modeling and Geographic Information System [J]. Cartography and Geographic Information Science，2013，40 (2)：90-102.

[52] Wang X R，McCallum A. Topics over time：A non-Markov continuous-time model of topical trends [C] //Proceedings of the 17th ACM SIGKDD International Conference on Knowledge Discovery and Data Mining，2006：424-433.

[53] Mobasher B. Data Mining for Web Personalization [C] //The Adaptive Web：Methods and Strategies of Web Personalization. Berlin：Heidelberg Springer，2007：90-135.

[54] Jordan M I，Mitchell T M. Machine learning：Trends，perspectives，and prospects [J]. Science，2015，349 (6245)：255-260.

[55] Aldous D J. Exchangeability and related topics [C] //École d'Été de Probabilités de Saint-Flour. Springer，1985：1-198.

[56] Leskovec J，Rajaraman A，David J U. Mining of massive datasets [M]. Cambridge：Cambridge University Press，2014.

[57] Blei D M. Probabilistic topic models [J]. Communications of the ACM，2012，55 (4)：77-84.

[58] Rehurek R，Sojka P. Gensim：Statistical Semantics in Python [OL]. https：//www.fi.muni.cz/usr/sojka/posters/rehurek-sojka-scipy2011.pdf，2011/2018-02-21.

[59] Sievert C，Shirley K. LDAvis：A method for visualizing and interpreting topics [C] //Proceedings of the workshop on interactive language learning，visualization，and interfaces，2014.

[60] Mabey B. pyLDAvis [Z/OL]. https：//pyldavis.readthedocs.io/en/latest/readme.html，2018-02-21.

[61] Rehurek R. Gensim：topic modeling for humans [Z/OL]. https：//radimrehurek.com/gen-

sim/,2018.

[62] Chang J, et al. Reading tea leaves: How humans interpret topic models [C] //Advances in neural information processing systems. 2009: 288-296.

[63] Zhao W Z, et al. A heuristic approach to determine an appropriate number of topics in topic modeling [J]. BMC Bioinformatics, 2015, 16 (13): S8.

[64] Pawlowsky-Glahn V, José J E, Tolosana-Delgado R. Modeling and analysis of compositional data [M]. New York: John Wiley & Sons, 2015.

[65] Dubey A, et al. A nonparametric mixture model for topic modeling over time [C]. //Proceedings of the 2013 SIAM international conference on data mining. Austin, 2013.

[66] Andrzejewski D, Zhu X, Craven M. Incorporating domain knowledge into topic modeling via Dirichlet forest priors [C] //Proceedings of the 26th annual international conference on machine learning. Montreal, 2009.

[67] Kontokosta C E. Modeling the energy retrofit decision in commercial office buildings [J]. Energy and Buildings, 2016, 131, 1-20.

[68] Bloomberg M, Pope C. Climate of hope: How cities, businesses, and citizens can save the planet [M]. New York: St. Martin's Press, 2017.

第 7 章 城市智能的构造

城市智能是收集城市背景信息和情境数据作为现实世界的数字化表达，感知与处理来自各种数据源的信息，分析生成知识以及在特定环境或情景中做出响应、行为、决定的综合能力。本章对"城市智能"的含义、范畴与基本构成开展了阐述。城市智能的基本构造由城市数据、科学分析与决策行动三类基本的能力组成。基于此构造，作者进一步概括了城市数据整合过程中的关键环节，并阐述了如何构建可支持城市智能的数据信息框架。当前的城市智能仍存在诸多的局限，需要在未来借助多学科领域的专业知识和多方的合作伙伴关系，从而建立更加完善和可持续的城市智能框架。

城市智能的定义

尽管"智慧城市"（Smart Cities）是一个在近20年来衍生出的新概念，但在第二次世界大战之后，专家学者们就开始对城市智能进行了探索性研究。1965年，美国城市设计师和城市理论学家梅尔文·韦伯（Melvin M. Webber）曾指出，在"将科学准则引入到处理城市事务"的过程中，智能位于核心位置，能够帮助我们解决日益复杂的城市问题，并在交通、通信、组织和社会行为之间产生相互作用与积极影响[1]。关于"智能"（Intelligence）的定义，认知科学（Cognitive Science）、信息科学（Information Science）和计算机科学（Computer Science）等多个学科都曾基于各自的研究背景和范畴来描述该术语，因此很难得出一个可归于单一学科的精确定义[2]。康奈尔大学人类发展学教授、心理学家罗伯特·史坦伯格（Robert J. Sternberg）将智能描述为"感官能力、感知能力、敏捷性、基于特定范围和情景的联想、注意力以及敏捷的反应"等一系列能力的集合[3]。而另一种观点则强调了过程，认为智能是"将复杂的分析、建模、优化、可视化等包含在运营流程中，从而得以做出更好的决策与行动"的过程[4]。

在与城市相关的领域，爱尔兰人类地理学家罗伯特·基钦（Robert M. Kitchin）将城市智能描述为一种"以实时与移动计算（Mobile Computing）方式来监测、管理、协调城市系统运行，通过对丰富的数据进行整合，利用模型来更好地描述和预测城市发展过程，并模拟未来城市发展的可能结果"[5]。而从社会—技术包容性（Socio-Technical Inclusiveness）和公众参与的角度来看，城市智能也包括了公民智能（Civic Intelligence），即"组织与社会用来理解信息和事件，并共同应对环境和其他挑战的能力"[6]。结合上述观点，作者认为，城市智能首先是一种能力，即收集城市背景信息和情境数据作为现实的数字化表达（Input——输入），感知与处理来自各种数据源的信息（Process——处理），分析生成知识（Output——输出）以及在特定环境或情景中做出响应、行为、决定（Action——行动）的综合能力。

与数据科学不同，智能包含了更广泛的范围——例如数字化、量化、分类、预测、可视化和实际应用等，因此针对智能的研究也相应地需要综合信息科学、应用分析、人工智能和具体行业领域（例如城市规划）的专业知识。本书第二章中曾提到，当前城市中不断增加的数据、计算能力和科技传播为构建"智能互联社区"带来了希望[7]。著名城市学者简·雅各布斯（Jane Jacobs）认为，城市的复杂性是带有组织规律的（Organized Complexity），多种因素以微妙的方式相互联系而形成了一个有机的整体[8]。因此，对于城市智能的研究需要从城市系统整体的角度来探讨，而不是仅限于嵌入城市的子系统（例如交通、能源、电信等）的优化、自动化与智能化（即城市系统中的智能子系统）。作者认为，城市多源异构的数据集成、城市系统的量化、多种变量之间的相互作用以及城市系统的动态性等问题，这些都是建立综合城市智能的前期探索性基础研究。

基于以上的观点，作者进一步定义了实现城市智能需要三个基本能力，即获取城市数据（Data）、开展科学分析（Analytics）与执行决策行动（Action）的能力（图7-1）。首先，城市智能依赖于对城市中不同的信息来源与数据类型的科学认知，包括对这些数据的收集、管理、交换过程的深刻理解。城市信息学（Urban Informatics）是一个跨学科的研究领域，范围涵盖城市系统中数据的生成、处理、分析、管理以及相关信息技术的应用，研究关注于人（People）、场所（Place）、科技（Technology）三者的交汇[9]。城市信息学通过数据科学的框架和包括传感技术、数据挖掘、信息集成、建模分析与数据可视化等一系列计算技术的研究，来分析复杂的城市现象和应对城市系统中具体领域的挑战，例如交通、公共健康、环境等问题[10]。城市信息学领域的专家通常会使用传感技术（定

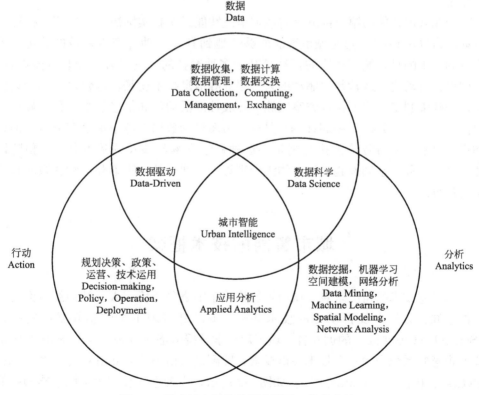

图7-1 构成城市智能的概念图示（作者自绘）

位、远程遥感或移动感应)、图像处理、自然语言处理（Natural Language Processing，NLP)、统计模型、网络分析、机器学习和地理信息系统（GIS）等一系列科学、工程和计算方法。

构成城市智能的第二部分是利用数据科学方法并结合城市领域专业知识的分析能力（Analytics）。数据科学（Data Science）是一个使用计算机科学、数据统计和领域专业理解从数据中提取知识的交叉学科领域[11]。数据科学与传统的统计学的区别之一在于其处理大数据和非结构化数据的能力[12]。从应用数据科学（Applied Data Science）的角度来看，目前虽然有许多大数据计算、机器学习、人工智能方面的专家精通计算机科学和统计学，但很少有人同时拥有领域知识（Domain Knowledge）将数据计算应用于具体的学科领域，例如城市规划、经济学、法学、医学等。领域专业知识对于数据科学的合理利用至关重要，尤其是在发现实际问题、评估解决方案（例如部署的可行性和实际操作中可衡量的改进）、验证模型分析与预测结果（包括其准确性、敏感性和与决策的相关性等因素）以及评估潜在影响（包括预期和意外的环境、社会、经济影响）等过程中起到了重要作用。

构成城市智能的第三部分是将数据信息智能运用到实际决策、运营与执行的行动能力（Action），这是城市智能能够落地到具体行动并产生效益的关键。需要明确指出的是，城市智能的行动是基于多种途径的，既包含了安装智能设备、基础设施自动化、运营数据驱动的公共服务等信息技术途径，也包含了基于数据分析的政策制定、规划设计方案实施、开展社区活动等非信息技术途径。如果说数据（Data）和分析（Analytics）是从城市海量的数据资源中提取有价值的信息和科学见解，城市智能的执行则是将这种科学见解与涉及的政策制定、预防评估、公共服务、基础设施建设和物流管理等一系列行动、决策和运营联系起来的综合过程。

城市智能的技术框架

从信息技术的角度来看，城市智能依赖于围绕着环境、人、社会经济活动相关的感知、分析以及自动化的技术基础。美国麻省理工学院感知城市实验室（Senseable City Lab）的创立者、城市规划学教授卡洛·拉蒂（Carlo Ratti）曾定义城市感知系统中的三个技术关键要素，即测量（Instrumentation）、分析（Analytics)、执行（Actuators）[13]。如图7-2所示，作者进一步阐述了城市感知智能的技术框架及其如何支撑上述三个要素。首先，感知基于传感器、摄像头或其他监测设备的传感节点（Node），这包括了观测气象与环境质量的检测点、记录建筑耗能耗水的记录仪器、提供公共无线 WiFi 的城市公共空间智能设施等用于实时监测和录入数据的仪器设备。需要澄清的是，节点可以真实地存在于城市环境之中观测可见的城市实体动态（例如空气质量、行人流量、能源耗能等），也可以通过虚拟的方式存在于城市空间中（例如记录手机信令数据密度的空间节点）。

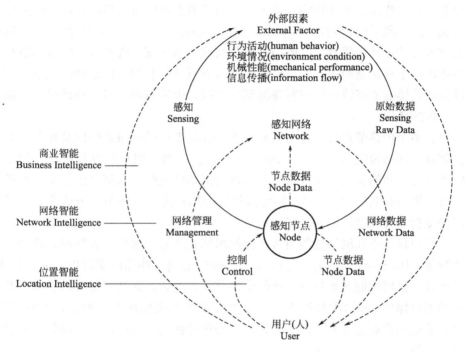

图 7-2 基于感知技术的城市智能框架（作者自绘）

节点完成了对外部的感知，并将观测到的信息以数据的形式记录并反馈给人。这里的"外部"通常指感知的外部因素，包括节点周边人的行为活动、环境情况、机器性能（例如建筑能源系统感知节点）、信息传播（例如公共无线网络感知节点）等。无论是建筑能源网络还是 WiFi 网络，每个节点都必须正确地放置安装，以便捕获与系统相关的有意义的数据。这些节点一方面实现了对城市环境（包括自然环境和建筑环境）系统动态的客观量化观测，另一方面也为联结人和城市系统提供了信息节点。例如，市民作为使用者可查看某个节点的观测数据，通过信息查询和反馈的方式与该节点产生联系。智能系统的管理者则有权限去控制、检查、调试具体某个或多个节点。

当有多个节点存在时，就会构成一个基于节点的网络结构，并实现了四个信息互动反馈回路，即人—节点、节点—外部环境、人—节点网络、人—外部环境。在这样的网络系统中，传感器节点检测外部因素，通过内部微处理器进行计算后，将数据作为感知网络的一部分信息推送到云端。而在用户端，即从人的角度，用户可以通过读取节点数据来控制每个节点，并通过网络数据管理整体的网络性能，从而进一步了解人类活动、生态环境、耗能与排放等城市动态现象。基于这样的架构，数据整合和智能技术实现了四层信息回路之间的联动。

当多个信息回路实现联动时，也带动了城市智能的出现，在此将其归类为位置智能、网络智能、商业智能。首先，传感器节点可以通知用户该确切位置的实时情况，这实现了位置智能（Location Intelligence）。例如，安装在公共建筑空间大堂入口的运动传感器可以监控特定门口的出入情况。这种基于位置的数据有助于操作员了解设施使用强度、事件模式或异常事件检测。在这种情况下，用户可以控制传感器节点或访问它所观测到的数据，但无需进一步了解该单节点感应范围之外的条件。

当有多个传感节点时，每个节点贡献的数据形成的网络效应以及相关的系统优化实现了网络智能（Network Intelligence）。例如，用户可以分析整体网络性能以及节点之间的关系，通过这些过程进行网络的优化，包括路由优化、网络分布、负载平衡或漏洞检测。当与网络接触时，用户通过调整节点或改变某些通道之间的流量来管理整体网络性能。

当用户将节点和网络智能与传感器网络捕获的外部因素相关联时，就会出现商业智能（Business Intelligence）。根据不同的案例，外部因素可以是人类行为、环境条件、机械性能或来自互联网的附加信息。例如，此类智能可用于增强共享系统的用户体验。在这种情况下，每个节点都充当根据网络平衡运行的分发点。同时，系统运营商会收到与需求变化相关的额外数据，由此他们可以相应地做出更好的决策。

城市智能的信息系统

如第 2 章所述，城市作为复杂的多源巨系统，是由诸多相互联系却又可以独立运行的子系统构成的。数据在各自子系统的运行过程中产生，数据的生成及其相应的格式、数量与质量均由该子系统的技术规制和运行模式决定。针对这种"数据筒仓"（Data Silo）现象，需要对城市各个子系统的数据进行综合管理，并通过计算对各自分割的多源数据进行高效的整合。由于原始数据是分别收集和各自生成的，就有必要创建技术说明文本来详细记录数据资源清单、数据源、数据访问方式（例如下载或 API 端口使用的方法）、数据存储等方面的技术参数与使用方法。图 7-3 概括了数据整合过程中的关键环节，及其如何构建可支持城市智能的数据信息框架。基于城市系统基本特征的智能框架由四个部分组成：数据管

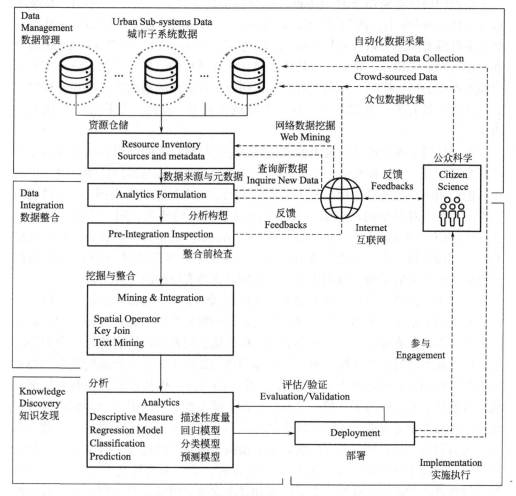

图 7-3 城市智能的系统框架(作者自绘)

理(Data Management)、数据整合(Data Integration)、知识发现(Knowledge Discovery)、部署实施(Deployment & Implementation)。

对当前城市数据格局的研究工作是城市信息整合过程中必不可少的前期基础,这个过程对于目前尚未建立数据平台的城市而言也是至关重要的。除了数据本身的格式、频率、质量等一系列技术指标之外,数据整合的前期应当从分析(Analytics)的角度来定义可能的研究对象(Research Subject)、数据可行性(Feasibility)和未来可能的工作范围(Scope)。通常针对一个具体的数据源会先检查数据的质量,包括其完整性(是否存在数据缺失)、准确率(是否存在错误输入)、分辨率(时间频率与空间精度),再结合数据类型和未来的分析计划确定整合策略。

动态的城市现象需要利用多种分析技能实现多尺度（Multi-Scale）、高维度（High-Dimensional）、跨领域（Cross-Domain）的知识发现。这些知识通常包括城市多种因素间的关系（Relationships）、模式（Patterns）、规律（Regularities）和异常（Anomalies）。常见的分析输出包括针对现状的描述性度量、分析多种因素相互作用的回归模型、对问题的分类识别以及对未来的预测等，这些分析结果最终能产生具有操作性的见解，从而支持城市规划、设计、政策和治理的实际需求[14]。

考虑到城市系统的社会技术性质，城市综合信息智能的部署实施十分需要有社区参与和及时的公民反馈。因此，建立有效的沟通渠道与信息反馈机制对于城市智能应用项目的实际落地起到了决定性作用。未来若想要实现图 7-3 中描述的框架，就需要对其中的两个信息反馈循环进行深入的研究。第一个是基于"分析-智能-实施"（Analytics-Intelligence-Deployment）的信息反馈循环，用以支持系统内部的交流、评估和迭代改进。在实际开发中，可以通过与特定机构/组织开展试点项目来验证城市数据集成和建模如何支持实际的决策和运营。

第二个反馈循环是建立在外部的"实施-公众-数据"（Deployment - Citizen - Data）关系基础上开展的各种规模的公民参与和数据管理。在这个循环中，如何与外部资源建立有效和持久的伙伴关系，促进信息交换和协同实施是一个关键问题。由于城市是复杂的系统体系，其整体的成功取决于多方面资源的整合、沟通和参与。例如在社区规模上，城市-大学-社区的三方合作伙伴关系使开发局部的城市智能测试平台成为了可能，尤其是在探索信息技术和数据科学如何改善社区规模的生活质量等方面。跨域的城市数据挖掘、集成和分析流程如何支持数字基础设施运营是一个长期的研究问题，需要根据实际需求进行实地验证和当地社区的参与。在城市范围内，需要协作来维持政府、企业和公民之间的信息反馈系统，以促进环境的可持续性、人居健康和经济发展。以第 5 章为例，众包数据的整合分析为市民提供了有价值的知识和相关生活信息，这为建立市民与城市政府机构的互动、信息激励、反馈机制、数字合作关系提供了技术前提。而在区域、国家乃至国际的层面，则涉及数据集成如何支持跨城市的网络进行信息交换和协作，从而解决诸如区域经济发展和全球应对气候变化等更为重大的议题。

智联社区的构想

2016 年，美国国家科学基金会（National Science Foundation，NSF）宣布了"智能与互联社区"（Smart & Connected Communities）项目，这是一个跨领域研究计划，旨在促进计算机、工程、信息系统和社会科学等领域的交叉研究，以增进对未来城市系统的进一步理解与探索[15]。该计划重点关注于四个研究任务，包括：①研究新数据和开发新的研究方法；②探索社会技术系统设计的改进；③增进对人类社会行为与动态的深刻理解；④围绕城市技术应用的教育和劳动力发展。智联社区愿景的核心涉及人机互动与社会技术的跨学科知识，外部分支为特定的具体行业和应用领域，包括环境、能源、公用事业、交通以及其他支持城市的技术和社会基础设施。NSF 计划通过这项研究从经济发展、能源、可持续性、交通、公共卫生、人居健康、社会公平、教育等多个方面改善城市。与传统的工程学科不同，实现这些目标需要跨学科的方法将自然科学、理工、人文社科以及艺术等领域的科学家、工程师和设计师联合起来。

智联社区的系统基于一个由人、计算机、城市环境之间相互联系的结构。普适计算、物联网和机器人技术可实现计算机与城市环境之间的实时传感，并生成数据作为现实世界的数字化表示，即数字化过程。广泛采用的个人设备、数字平台和社交媒体网络可在个人或群体规模上实现人机交互，并形成数据驱动的决策支持和人工智能。迄今为止，一些城市在其局部地区或具体社区开展了"智慧城市"或"智慧社区"的实验性项目，并在其项目范围内完全配备了传感器、数据监测、实时分析以及自动化控制的完整人居数字系统[16]。这些前沿实践进一步弥合了数据信息、算法和实际应用产品之间的鸿沟，并推动了城市构建更加庞杂的信息智能网络[17]。

作者认为，智联社区的信息协同主要依赖于硬件（Hardware）、数据（Data）、分析（Analytics）和界面（Interface）四个主要构建模块（图 7-4）。硬件部分包括了构建传感器、安装传感节点嵌入到城市建成环境之中，以及后续对硬件设施长期的维护管理，其中还涉及到传感器的选择、微控制器的集成、传感系统的安装、硬件性能测试等技术环节。在此部分中，研究团队通常需要对城市具体的建成环境进行评估，例如根据建筑规划、土地开发密度、在地社区许可、设置传感系统的经济可行性、对未来数据采集的需求等多方面考量来制定最终的实施方案，从而寻求将传感网络嵌入物理环境的最优选择。而在实际部署时，也会面临一些实际问题与约束条件，例如电源位置、设备的可操作性、硬件的安全性、视觉美观等多方面的因素。

数据（Data）部分涉及到原始数据采集、信息架构、数据定期管理等环节。通常，开展数据采集的工作需要先与项目相关单位或人员联系，以取得合作意向以及数据使用的相关授权。尤其是当在城市社区尺度开展项目时，需要明确解释传感系统将采集哪些数据、传感系统的部署是否会对当地生态环境与人体健康造成影响、如何保证个人隐私与公共信息安全、此类数据将如何有益于未来社区发展与人居生活质量等一系列问题。而当传感系统涉及到收集个人设备信息（例如手机信令数据、公共 WiFi 使用数据等）或个人活动轨迹（配备有 GPS 的可穿戴

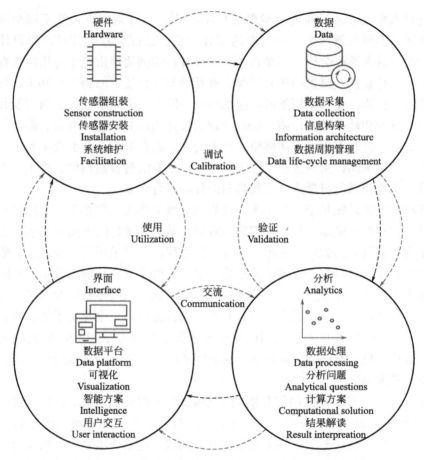

图 7-4 城市系统感知的四个构成部分（作者自绘）

设备、运动小程序等）时，则需要征得使用者的同意。通常，研究团队会根据实际项目范围和传感密度来规划具体传感节点（Node）的部署，同时也会根据采集的数据存储、检索、归档等操作性考量来制定数据周期管理策略和方案。

分析（Analytics）部分包括对采集到的原始数据进行备份、检查、清理，并结合数据与实际问题来识别具体的分析任务（Analytical Tasks），开发计算解决方案，并对分析的结果进行解读。在对数据的分析过程中，数据科学家通常会综合采用描述性分析、统计建模、网络分析和机器学习等多种研究方法，通过数据来量化分析或预测城市中的观测对象。

界面（Interface）则是指以分析结果为基础，进一步为最终用户提供的数字产品，包括数据可视化、数据共享平台、基于用户位置的信息服务、用户输入反馈等功能。此过程将数据分析结果进一步转化为更加简单易懂、面向普通用户的信息服务。需要强调的是，在图 7-4 中我们刻意避免定义上述四个部分的先后顺序,因为它们通常是由不同的利益相关者同时开展和迭代进行的。例如,硬件安装调试与数据校准直接相关,数据与分析之间的反复验证可以确保数据科学家针对重要的问题开展分析工作,人机界面和分析之间需要保持有效的信息互动以确保界面的可用性等。

城市智能的局限

结合现实的情况来看,绝对意义上互联互通的城市智能系统的愿景仍有些理想主义和学术化,以上大多数讨论目前还是在少数专家和高层决策者之间开展的。而真正成功的项目则需要对现有的城市系统进行长期测试、改造和验证,短短几年时间很难做到结合实际数据的方法验证。当前,许多以数字产品为主的"城市智能"开发和单方面基于供应商技术的发展方案开始给城市带来一些负面影响与风险。从计算(Computing)的角度来看,缺乏多源数据集成会导致信息不对称,以及不同领域之间资源和专业知识的不平衡。在传统概念的跨学科合作中,技术人员和城市专家会在不同的领域(规划、设计、工程、计算机科学、信息系统),专业知识(现实城市、虚拟城市)和规模(项目、产品)中分别工作。虽然不断增长的新技术正在打破跨学科研究的障碍,但能够真正理解"跨界城市系统",并拥有广泛技术技能和多学科领域知识的专业人才仍十分稀少。从数据分析的角度来看,随着数据变得越来越透明和开放,人们更有可能在没有领域专业知识、研究动机或经验验证的支持下盲目地计算数据。假如城市以"仅供参考"的态度发布数据,而没有期望更好的决策或数据驱动的运营,这将大大削弱城市数据和信息智能的价值。

而在部署实施方面,由于技术创新(技术推动)和社会需求(需求拉动)之间的差异,缺乏有效的数据集成会造成上文中阐述的城市"社会-技术差距"问题[18]。这种差距是由于市政府与技术供应商之间在动机(公共利益 vs. 经济利润)、影响程度(长期政策 vs. 产品迭代)、实施规模(城市范围 vs. 个人范围)等方面的差异而造成的。当技术投资不能满足于实际需求,就可能无法被采用或造成资源浪费。正因为如此,大多数智慧城市项目的失败不是由于技术困难,而是由于没有考虑城市系统的社会技术复杂性(例如价值主张、经济影响、社会正义、可用性)造成的[19]。随着城市变得更加智能互联,如何将数据的经济价值和公共利益结合开发利用成为一个关键问题。信息技术的最终目的不是简单的数据收集,而是如何进一步地促进我们对人类社会的认识并将其转化成城市的能动性[17]。想要实现这些长期目标,就需要全面分析现有的城市数据格局、集成方法和面临的挑战。

近年来，城市产生的大数据以及相应的城市计算方法为城市科学研究提供了新的机会。城市数据的挖掘、整合与应用分析可为规划设计提供新的信息来源，提升了城市治理品质并产生积极的生活影响，但同时也需要重视城市数据的可靠性、潜在的数据采样偏见、算法的社会公平性以及信息安全与隐私等方面的考量。因此，城市数据需要借助于城市领域专业知识和合作伙伴关系，才能建立完善和可持续的信息智能框架，从而更好地支持城市规划、城市科技开发与城市信息服务运营。

参考文献

[1] Webber M M. The roles of intelligence systems in urban-systems planning [J]. Journal of the American Institute of Planners，1965，31（4）：289-296.

[2] Legg S，Hutter M. A collection of definitions of intelligence [J]. Frontiers in Artificial Intelligence and Applications，2007，157：17.

[3] Sternberg R J. Handbook of intelligence [M]. Cambridge：Cambridge University Press，2000.

[4] Chourabi H et al. Understanding smart cities：An integrative framework [C] //45th Hawaii international conference on system sciences. Hawaii，2012.

[5] Kitchin R. The real-time city? Big data and smart urbanism [J]. GeoJournal，2014，79（1）：1-4.

[6] Day P，Schuler D. Community practice in the network society：pathways toward civic intelligence [C] //Networked Neighbourhoods. London：Springer，2006，19-46.

[7] French S P，Barchers C，Zhang W. How should urban planners be trained to handle big data [C] //Seeing Cities through Big Data. Springer，2017：209-217.

[8] Jacobs J. The Life of Cities [M]. Woodland Hills：Random House，1969.

[9] Foth M，Choi J H J，Satchell C. Urban informatics [C] //Proceedings of the ACM 2011 conference on Computer supported cooperative work，2011.

[10] Kontokosta C E. Urban informatics in the science and practice of planning [J]. Journal of Planning Education and Research，2018，0739456X18793716.

[11] Zinoviev D. Science Essentials in Python：Collect-Organize-Explore-Predict-Value [M]. Pragmatic Bookshelf，2016.

[12] V. Dhar，Data science and prediction [C]. Communications of the ACM，2013，56（12）：64-73.

[13] Ratti C，Claudel M. The city of tomorrow：Sensors，networks，hackers，and the future of urban life [M]. New Haven：Yale University Press，2016.

[14] Behnisch M，Ultsch A. Urban data-mining：Spatiotemporal exploration of multidimensional data [J]. Building Research & Information，2009，37（5-6）：520-532.

[15] National Science Foundation. Smart & Connected Communities: A Vision for the 21st Century [EB/OL]. https://www.nsf.gov/pubs/2016/nsf16610/nsf16610.htm, 2016-06-10/2020-12-02.

[16] Ratti C, Oenhuber D. Decoding the city: Urbanism in the age of big data [M]. Basel: Birkhäuser, 2014.

[17] Gershenson C, Santi P, Ratti C. Adaptive Cities: A Cybernetic Perspective on Urban Systems [M]. 2016.

[18] Whitworth B. A brief introduction to sociotechnical systems [C] //Encyclopedia of Information Science and Technology. IGI Global, 2009: 394-400.

[19] Baxter G, Sommerville I. Socio-technical systems: From design methods to systems engineering [J]. Interacting with Computers, 2011, 23 (1): 4-17.

第8章 城市智能应对疫情

　　本章关注城市数据科学的专业知识，如何通过城市数据科学实现更好地收集、处理、分析城市信息，从而实现支持城市疫病应急响应的信息智能。基于此研究目的，作者进一步探讨以下几个关键问题：目前可获取哪些与疫情相关的城市数据？数据分析在疫情应对中的用途是什么？应对新型冠状病毒大流行的城市信息模式有哪些需要进一步提升与反思的技术与社会因素？在本章的具体研究语境之下，城市智能（Urban Intelligence）可理解为使用数据科学方法分析城市信息并利用相关技术应对城市疫病的能力。通过回顾新冠肺炎疫情的全球城市应对，作者总结了未来城市在疫病流行的前期准备、中期应对、后期恢复过程中所面对的机遇与挑战。此外，本章也对城市信息智能在算法的不确定性、数据隐私、信息安全，以及在疫情爆发期间数据交流的及时性、准确性、有效性之间的权衡进行了探讨[①]。

[①] 本章部分内容参见作者与 Yeung W. 和 Celi A. L. 发表的英文期刊论文。Lai, Yuan, Wesley Yeung, Leo Anthony Celi. Urban intelligence for pandemic response [J]. JMIR public health and surveillance 6, no. 2 (2020)：e18873.

城市智能应对疫情的意义

早在大数据时代之前,就已经有针对公共卫生和人口健康的城市信息学研究。学者广泛认为,最早出现的城市信息学应用于公共健康的案例是在 1854 年英国伦敦市霍乱传染事件(1854 Broad Street cholera outbreak)中,约翰·斯诺(John Snow)利用城市污染水源与霍乱病例的地理信息发现了霍乱的传染路径(图 8-1a)。时至今日,卫星遥感、信息通信技术、物联网、云计算的运用使近乎实时的城市信息共享成为了可能。海量、高速而多源的城市数据使人们对城市情况和实时状况有了更加全面而精准的了解。例如,高清的航拍图像数据为研究城市空间构成、建成环境肌理以及土地覆盖(Land Cover)提供了直观的依据(图 8-1b)。基于城市交通和建筑的数字地图为人们的日常出行与游览提供了便利,也为分析城市路网交通情况以及兴趣点(Pointsof Interest,POI)分布提供了数据基础(图 8-1c)。而随着智能手机应用程序以及数字信息平台的快速发展,基于在线协作的地图平台(例如开放街图 OpenStreetMap)为公众参与录入城市地理信息提供了技术可能,使普通的居民也可以参与到编辑和更新城市道路与建筑信息的过程之中(图 8-1d)。

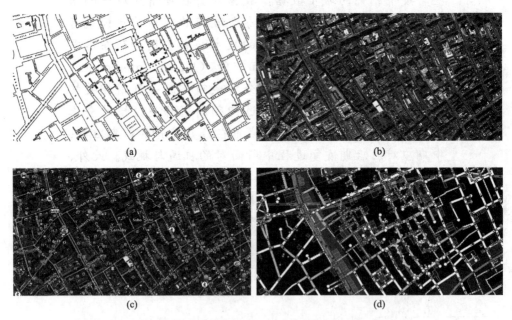

图 8-1 以伦敦市 SOHO 区为例的城市信息演变(图片资料来源:a-https://media.sciencephoto.com/image/c0336339/800wm/C0336339-John_Snow_s_cholera_map,_1854.jpg,b-Bing Map, c-Bing Map, d-OpenStreetMaps)

在与登革热（Dengue Fever）、寨卡病毒（Zika Virus）、非典型肺炎（SARS）相关的研究中指出，大城市由于高密度的人口和交通的连通性，容易出现传染病社区传播与大面积群体感染事件。2019 新型冠状病毒肺炎（COVID-19，简称新冠肺炎）疫病的大流行再一次给全球的城市带来严峻考验。中国新冠肺炎初期疫情最严重的城市武汉，就是人口超过 1100 万人的超大城市[1]。2020年初，新冠肺炎疫情确诊病例和死亡人数的激增立即引起全球医学界的广泛关注，并快速展开多学科合作研究探索不同的应对方法与预防策略。先前已有关于城市流行病的环境、社会、经济、健康方面大量的科学文献关注城市的长期规划和公共健康政策领域，这些研究揭示了城市尺度范围的内生差异，例如地理环境、人口特征、空间结构、区域连通性、局部小气候都有可能会影响整个城市的流行病动态变化（传播潜力和感染模式）[2]。然而，相对较少有研究探讨如何将城市信息学和数据科学应用于疫病大流行的应对。

城市智能应对疫情的关键信息要素

作者认为，对于城市智能应对疫情我们需要探讨以下几个关键问题：目前可获取哪些城市数据？城市数据分析在流行病应对中的可能用途是什么？应对新型冠状病毒大流行的城市信息模式有哪些需要进一步提升与反思的技术与社会因素？在抗疫的具体研究语境之下，城市智能可理解为使用数据科学方法分析城市信息，并利用相关技术应对城市疫病流行的能力。先前的相关研究涉及疫病流行期间城市中多种不同尺度与维度的重要信息要素，作者在此将其归纳为五个重要方面，包括移动（Movement）、设施（Facility）、人口（People）、信息（Information）和参与（Participation）。表 8-1 总结了大流行期间的特定数据源、分析任务和采取的措施。在实际情况中，这五个方面需要紧密联系并统筹运用在城市疫病的应对工作之中。

应对疫情时城市智能的五个重要方面　　　　　　　　　　表 8-1

因素	数据来源	研究分析	行动实施
移动 Movement	飞机航班、地面交通、GPS 轨迹、手机信令等	识别移动热点并开发网络算法来分析空间模式和流动趋势	交通管制、设立检查站点、识别隔离区、传染路径追踪
设施 Facility	公共设施地点、物资清单、基础设施效能	模拟设施容量，优化医护人员和物资分配	物流分配、人力资源调动、物资规划
人口 People	人口普查、社区调查	量化当地人口特征与邻里健康基准	提供社区基础信息，为弱势群体提供额外服务

续表

因素	数据来源	研究分析	行动实施
信息 Information	数据共享机制、用户数据协议	预设疫病流行期间信息交换通道与数据共享机制	整合和管理各种资源和机构的数据
参与 Engagement	数字平台、新闻资讯、社交媒体、开放数据门户	识别社交媒体关键意见领袖与需要主动推广的社区	广播新闻、众包项目、信息推送、紧急寻人

其中，移动（Movement）指疫情期间的交通网络、区域人口迁徙与局部人群出行活动。通过量化城市的交通网络和空间连通性，并在城市范围内绘制实时人口流动，可以为管控交通和监测疫情传播提供及时而直观的信息。先前已有研究从地理学的角度对流行病区域动态和传播链进行了调查，但对城市内部的连通性以及城际的人口流动情况仍缺乏更加深入的了解[2,3]。虽然人口普查和社区调查之类的常规数据揭示了人口流动的区域连通性和空间结构，但对于追踪疫病传播则需要更加精准和高频的数据信息以及量化分析方法。疫病流行期间的实时或近乎实时的人员流动信息对评估局部传播风险、识别人口流动热点、量化疫情期间活动影响等一系列研究具有重大价值。例如，在武汉市新冠肺炎疫情爆发期间，通过使用官方航空指南（OAG）的全球航班预订信息、通过腾讯位置服务测算的地级每日乘客量（按运输方式分类）以及武汉市交通部门公开的历年春节旅行人口的历史数据，可对武汉与其他城市直接的连通性进行量化分析[4]。通过研究发现，此类城际交通数据的局限在于，其虽然可以指导全国范围的疫病流行预测和区域干预，例如重新安排航班和高速铁路运营时间等，但却无法用于建模分析城市内部的人口流动以及更加微观的交通时空动态。

针对具体城市范围内的人口流动分析可以由其他的数据源来获取信息，例如基于手机信令的人员流动轨迹[5]，根据公共 WiFi 使用情况估算的实时本地人口[6]，根据由公交车、出租车、共享单车运营商提供的 GPS 或 GTFS①数据进行城市内部流动模式的量化分析[7,8]，以及使用来自于微博、微信、Twitter、Instagram、Foursquare、Yelp 等多个社交媒体平台中含有地理标签的信息对城市经济和社会活动进行空间分析[9-11]。这些数据在疫病流行期间为追踪疫情传播链提供了信息，并为基于城市具体空间的交通管制、社区封闭等防疫措施提供了现实依据。

设施（Facility）是指由市政府机构所有或管理的城市重要基础设施、医疗设备和公共卫生物资。美国约翰斯·霍普金斯大学（Johns Hopkins University）的一项研究曾评估医院在四种灾难性公共卫生事件（大规模流行性感冒、辐射、

---

① 通用公交数据规范（General Transit Feed Specification, GTFS）是最早由谷歌（Google）公司制定的一种文件格式与数据标准，用来规范化表达公共交通信息，以便于在地图和其他数字平台大规模使用。

爆炸、神经毒气攻击）中维持基本手术实施（包括消毒、食品、通信、安全、能源等因素）与护理标准的能力。以大规模流感为例，其中最重要的五个关键设施、人力与物资分别是隔离室、呼吸科医师、口罩、流感抗病毒剂以及透析设备[12]。除了医疗与公共卫生系统之外，城市管理运营的其他一些公共设施也在疫病流行期间起到了重要的支持作用。例如在新冠肺炎疫情爆发初期，武汉市的体育中心曾被用作临时的方舱医院①接治新冠肺炎患者或对疑似病例进行隔离和医学观察（图 8-2）。

图 8-2　武汉体育中心曾在新冠肺炎疫情期间用作方舱医院

（图片资料来源：新华社 http://www.xinhuanet.com/politics/2020-10/05/c_1126576182.htm）

许多城市已经开始对公共设施资源进行数据录入和数字化管理，例如纽约市城市规划局管理建立了一个公共设施数据库（Facility Database，FacDB），录入了超过 35,000 个联邦、纽约州以及纽约市拥有的设施站点，其中包括了公立学校、社区托儿所、公共图书馆、公园、运动场馆、文化娱乐场馆等[13]（图 8-3）。此类城市公共设施数据信息库的最初目的是用于公共预算分配、社区发展评估以及城市公共资产规划，但此类设施的位置和容量信息为公共卫生应急和灾难响应提供了有价值的基础信息。此外，也可通过例如谷歌地图、百度地图、Tom-Tom、Foursquare 等一系列数字地图或导航系统的应用程序接口（Application Programming Interface，API）进行有关地理位置和运营信息（例如营业时间和

---

① 方舱医院（mobile cabin hospital）是由一系列不同医疗和保障功能的方舱组合而成的医疗单位，详见：危莉；胡豫；张义丹；张明；张进祥. 新型冠状病毒肺炎疫情时期方舱医院运行实践与思考. 《中国医院管理》第 40 卷. 2020 年,（第 3 期（总第 464 期））：62.

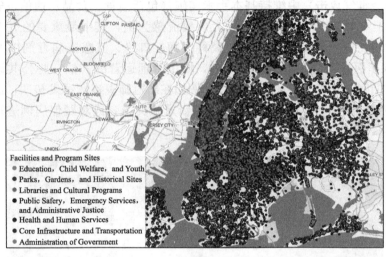

图 8-3 NYC FacDB——纽约市公共设施项目数据信息库
（图片资料来源：https://capitalplanning.nyc.gov/facilities）

高峰时间）的近实时数据挖掘。除了城市政府所有的公共设施之外，包括当地诊所、药店、便利店、杂货店等在内的城市中的兴趣点（Points of Interest，POI）在疫情暴发期间也是至关重要的物流节点和物资补给站。先前有关于城市环境中传感器数据应用计算的研究已将 POI 作为估算当地人群活动和灾害管理相关风险的关键信息[14]。

人口（People）信息包含了城市社区邻里人口统计数据以及相对应的社会、经济、人口健康等状况，为根据人群特征识别潜在的感染风险提供了基础数据和基线测度（Baseline Measures）。《纽约市社区健康调查》（NYC Neighborhood Health Profile）对全市 59 个社区进行了人口健康普查，报告了 50 多项与人口健康相关的邻里环境、经济（例如家庭收入）、社会（例如受教育水平）、行为习惯（例如吸烟和饮酒）等指标。此类社区调查的最初目的是量化社区健康状况、生活质量指标、常住人口特征等，其中包括以年龄层划分的婴幼儿、青少年、老年等弱势人群，或是按照社会经济状况（例如贫困家庭）和慢性病基础健康情况（例如糖尿病和哮喘）识别的脆弱人口与社区分布。先前的研究证明，具有高空间分辨率的社区尺度数据可以支持城市规划设计、政策与治理，使其能够更精准有效地帮助到不同的人群[15]。在疫情期间，除了利用此类基础数据识别易受感染风险的脆弱人群之外，还可以确保信息及时送达常规通信技术难以联系的特殊人群，并为生活自理困难的老年人和留守儿童提供教育和护理等社区服务[16-18]。在保护信息安全和尊重个人隐私的前提下，这些数据能帮助城市政府、社会机构以及社区组织在疫病流行期间提供更加本地化和有针对性的服务管理与防疫措施。

信息（Information）的准确录入与及时共享在城市应对疫情过程中起到了重要的作用。奥巴马政府任职期间，开放政府合作伙伴关系计划（The Open Government Partnership）关注发掘多源数据集成的作用，并敦促市政府机构制定跨部门的倡议和数据交换协议[19]。例如，纽约市创办了数据智能与创新中心（New York City Center for Innovation through Data Intelligence），致力于建立全市范围的跨机构数据交换协议（Data Exchange Protocol），并促进不同机构组织之间的信息传递和数据共享[20]。此类数据交换协议对城市各个公共机构数据的日常管理，以及与私营企业和高校等科研机构的数据合作规范都有重要的指导意义。在疫情紧急响应方面，更加规范而高效的数据交换能大幅度缩短数据整合时间，减少数据格式差异所带来的信息误差，从而有效地调动资源并协调多个机构之间的配合。例如，公立学校的疫情爆发需要公共卫生部门与教育部门的信息共享和配合管理。

与此同时，数据交换协议还能优化在疫情期间不同紧急程度的公共响应的资源调配和责任下放。例如在 2009 年 H1N1 大流行期间，纽约全市范围内管理非紧急服务请求的机构 NYC 311（图 8-4）收到并分类了大约 54,000 个关于询问疑似流感症状的居民电话，显著减缓了紧急呼叫热线 911 的服务压力[21]。这种多机构间的数据协同不仅改善了信息交流，而且适当地为不同紧急级别的医疗服务进行分类，从而提高了城市公共服务的运营效率。

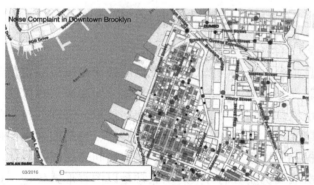

图 8-4　纽约 311 公共服务呼叫热线

（图片资料来源：https://apifriends.com/api-streaming/311-data-important/）

参与（Participation）在疫情期间城市机构与公众之间的信息传送和反馈过程中起到了重要的作用。社交媒体能够促进政府机构与公众之间的信息互动，提高社区公众的防疫意识，实时了解公众舆情，并为识别虚假信息和辟谣提高了信息息平台。例如在 2009 年墨西哥城 H1N1 大流行期间，墨西哥的主要电信运营商 Telmex 处理了超过 500 万次电话来电、1.4 亿条短信以及 1800 万封包含卫生部官方通信的电子邮件[2]。电信服务与社交媒体平台通过短信推送、公共卫生警报、广播新闻等多种方式在公众防疫宣传与普及预防措施方面发挥了关键作用。此外，通过城市公共信息服务平台或社交媒体平台开展的众包活动（Crowdsourcing）也为传染病监测提供了独特的数据来源[22]。特别是对于基础数据匮乏的城市来说，开展众包活动一方面可以收集带有时间戳（Timestamp）和地理标签（Geo-Tag）的高频数据以提升疫情分析的信息时空分辨率（Spatial-Tempo Resolution），另一方面也能提高公众在城市公共健康以及公开数据等方面的参与意识。

在新冠肺炎疫情爆发期间，中国的数字医疗平台丁香园（DXY.com）通过实时广播和公众参与进行了信息宣传与互动[23]。该平台主要由三个部分组成，包括①已确诊和死亡病例的实时汇报，②对谣言和虚假新闻的辟谣澄清，③关于病毒传播机制、个人卫生保护措施以及城市防控的公众教育。通过将丁香园平台上的众包数据与新闻来源和国家卫生机构网站上的数据相结合，研究人员能够收集原本难以从卫生部门发布的汇总数据中获得的信息，例如症状发作和确诊之间的时间延迟，卫生保健系统的检测报告延误，旅行历史记录等信息[24]。除了关注于防疫和医疗，公众参与的在线平台还能为受疫情影响的人们提供虚拟办公、在线教育、文化娱乐等数字服务，不但减少了城市防疫居家隔离期间不必要的出行，还能缓解疫情期间公众的心理压力和不安情绪。

城市智能应对疫情实践中的挑战

随着近年来城市数据信息平台、互联网以及社交媒体的快速发展，城市信息公开的力度与质量已有了显著提升，但仍存在有信息与数据之间脱节、难以联动的现象。简而言之，目前城市信息转化数据的过程中仍存在技术、管理与执行的困难。在新冠肺炎疫情爆发期间，大量信息以文本新闻、照片、表格或地图图像的形式在公共信息平台和手机应用程序上发布。例如，疫情期间通过新闻媒体和社交平台紧急扩散的高铁车次或飞机航班的寻人启示通常是以图表形式传递。这样的信息公开方式在城市应急时十分高效且便于普通群众及时直观地了解实时情况，但也在一定程度上限制了将信息转化成数据进行计算分析的利用价值。此外，尽管社交媒体提供了有关新确诊病例的近实时信息，但也需要考虑信息及时性和准确性之间的权衡。因此，在未来城市数据基础设施建设中，需要不断完善信息转化的数据标准和发布规范。

尽管众包被认为是一种大规模收集数据的有效方法，但由于其数据收集依赖于公众的自主参与，如何保证数据质量和信息录入的一致性仍然是关键的技术难题。而由于参与众包的人群往往不能够全面代表真正的全部人口，这就造成原始数据采集的偏差以及后续数据分析带来的偏见。例如，先前有科研团队在波士顿开发了一款手机应用程序（App）用于实时监测和记录开车时遇到的路面坑洼现象，并利用收集的数据对城市街道路面质量进行评估（图 8-5）。但由于这款应用程序仅服务于驾车并拥有智能手机的人群，收集的数据会"偏向"于该类人群的活动范围，因此并不能准确、全面、客观地代表全城市范围的路面质量情况。Crawford, K. 发表于《哈佛商业评论》的文章"大数据的隐藏偏见"曾将这种现象概括为"信号问题"（signal problem），即"我们认为能够准确反映真实世界的数据与实际情况存在着巨大的差距，对于一些特定地区（例如低收入和少数族裔社区），我们能够获取的'信号'很少甚至完全没有'信号'"[25]。而在人工智能（Artificial Intelligence，AI）研究方面，虽然已有研究论证利用历史数据进行训练的机器学习和深度学习算法可以辅助诊断，但能够真正用在实时疫情响应的人工智能应用目前还没有成熟可靠的技术。其中的一个原因是，在疫情爆发的初期尚未出现大量的病例数据可供用作算法训练。例如，截至 2020 年 2 月上旬，即自新冠肺炎疫情爆发以来近两个月，全球最全面的数据资源只有 1334 个患者的信息记录[26]。

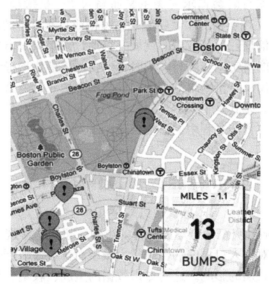

图 8-5　波士顿某科研团队开发的 StreetBump 应用程序
（资料来源：http://www.streetbump.org）

数据缺乏并不仅仅是阻碍开发城市智能的唯一原因，城市数据的合理利用还需以实际问题为导向。纽约市前分析主管 Michael Flowers 曾形象地描述道"数据本身并不能直接创造价值。我们即使拥有像消防栓里的水一样源源不断的数据，如果不将其对准到有意义且恰当的实际问题中，大数据也将会毫无用处[27]。"多源异构的大数据与复杂的城市实际问题之间的对接并不是一个简单的过程。若想要将丰富的城市数据资源与具有专业知识的技术人员和城市具体问题进行对接，则需要多学科的研究团队、数据资源、网络与信息技术基础设施以及跨机构、跨区域乃至跨国合作的主观意愿。

2020年5月10日至16日，麻省理工学院的多个研究组织联合发起了一项面向全球的"COVID-19数据挑战"活动，通过线上的形式（包括Zoom视频会议和Slack实时聊天工具）对与新冠疫情相关的政策分析、媒体舆论信息、医疗健康、传染病以及城市响应五个不同的主题展开数据分析和探索性研究①。此项活动吸引了来自世界各地44个国家的297名参与者和77位导师，共同在线进行了一周时间的跨学科、跨国界合作[28]。这种强调开放式、多元化、探索性以及跨学科的线上活动为未来疫情响应的合作机制提供了参考模式，也为未来共同探索气候变化、可持续发展、人居健康等一系列应对全球问题的合作机制打下了基础。

数据分析所提供的有价值的信息并不能保证有效的实际行动，数据信息智能落实到实际问题还需要统筹规划与组织开展行动的执行能力。在科学研究过程中，一些数据科学家有时会追求完美主义而陷入"分析瘫痪（Analysis Paralysis）"②的困境。而在现实情况中，特别是在疫情或自然灾害的紧急应对时，往往需要在掌握不完整信息或部分数据时就展开行动，以确保城市响应的主动性和敏捷性。在将城市智能落实到实际行动中时，也会面临量化指标评价标准与算法优化中的计算伦理争议、分析结果的不确定性与相关责任、公众对城市智能的社会反响等一系列问题。尤其是个人数据隐私、公共信息安全、科技伦理道德争议等问题是研发推广城市智能过程中的潜在风险。

城市智能应对疫情的未来

COVID-19新冠肺炎疫情全球大流行的影响远超出了常规公共卫生与医疗服务的范畴。尤其是对于人口稠密的全球特大城市而言，疫情所带来的经济风险和社会动荡也会带来长期的影响。这对城市数据的生成、收集、分析、应用等方面的专业知识与技术开发经验积累具有重大意义，以便支持城市在疫病流行期间更好地开展响应和预防工作。即使在未来疫情得到有效控制之后，城市智能还能继续支持公共卫生风险评估与日常检测，并进一步支持重启经济和复产复工。鉴于

---

① 详细报道请见 https://covid19challenge.mit.edu/datathon/。
② 通常形容个人或组织机构因处理过多的信息和分析，而导致无法及时有效地开展行动或决策的现象。

未来全球城市在气候变化、人口老龄化、公共健康卫生、社会公平性等多方面的挑战,城市智能技术的开发与合理利用对于未来城市发展以及人居健康起到了关键作用。

本章通过回顾新冠肺炎疫情的全球城市应对,总结了未来城市在疫病大流行的前期准备、中期应对、后期恢复过程中所面对的机遇与挑战。当疫病肆虐全球时,城市智能能够提升紧急公共事件的预判、实时监测以及执行的能力,从而支持城市更好地应对重大的公共卫生事件。与此同时,城市智能中的大数据挖掘以及相应算法的不确定性、数据隐私、信息安全等问题与疫情爆发期间信息交流的及时性、准确性、有效性之间的权衡需要未来更深入的探讨。

参考文献

[1] Huang C, et al. Clinical features of patients infected with 2019 novel coronavirus in Wuhan, China [J]. Lancet, 2020, 395 (10223): 497-506.

[2] Dalziel B D, et al. Urbanization and humidity shape the intensity of influenza epidemics in US cities [J]. Science, 2018, 362 (6410): 75-79.

[3] Kissler S M, et al. Geographic transmission hubs of the 2009 influenza pandemic in the United States [J]. Epidemics, 2019, 26: 86-94.

[4] Wu J T, Leung K, Leung G M. Nowcasting and forecasting the potential domestic and international spread of the 2019-nCoV outbreak originating in Wuhan, China: a modelling study [J]. Lancet, 2020, 395 (10225): 689-697.

[5] Gonzalez M C, Hidalgo C A, Barabasi A L. Understanding individual human mobility patterns [J]. Nature, 2008, 453 (7196): 779-782.

[6] Kontokosta C E, Johnson N. Urban phenology: Toward a real-time census of the city using Wi-Fi data [J]. Computers, Environment and Urban Systems, 2017, 64: 144-153.

[7] Jiang B, Yin J, Zhao S. Characterizing the human mobility pattern in a large street network [J]. Physical Review E, 2009, 80 (2): 021136.

[8] Motta G, et al. Personal mobility service system in urban areas: The IRMA project [C] // 2015 IEEE Symposium on Service-Oriented System Engineering: San Francisco: 2015.

[9] Gibbons J, Nara A, Appleyard B. Exploring the imprint of social media networks on neighborhood community through the lens of gentrification [J]. Environment and Planning B: Urban Analytics and City Science, 2018, 45 (3): 470-488.

[10] Shelton T, Poorthuis A, Zook M. Social media and the city: Rethinking urban socio-spatial inequality using user-generated geographic information [J]. Landscape and urban planning, 2015, 142: 198-211.

[11] Glaeser E L, Kim H, Luca M. Nowcasting the local economy: Using yelp data to measure economic activity [J]. National Bureau of Economic Research, 2017, w24010.

[12] Bayram J D et al. Critical resources for hospital surge capacity: An expert consensus panel [J]. PLoS currents, 2013, 5.

[13] New York City Department of City Planning. NYC Facilities Explorer [OL]. https://capitalplanning.nyc.gov/facilities, 2020/2021-08-15.

[14] Ang L M, Seng K P. Big sensor data applications in urban environments [J]. Big Data Research, 2016, 4: 1-12.

[15] Tatem A J, et al. Mapping populations at risk: improving spatial demographic data for infectious disease modeling and metric derivation [J]. Population Health Metrics, 2012, 10 (8): 1-14.

[16] Asis M M. Living with migration: Experiences of left-behind children in the Philippines [J]. Asian population studies, 2006, 2 (1): 45-67.

[17] Ye J. Left-behind children: The social price of China's economic boom [J]. Journal of Peasant Studies, 2011, 38 (3): 613-650.

[18] Goulia P, et al. General hospital staff worries, perceived sufficiency of information and associated psychological distress during the A/H1N1 influenza pandemic [J]. BMC infectious diseases, 2010, 10 (1): 1-11.

[19] Fantuzzo J, Culhane D P. Actionable intelligence: Using integrated data systems to achieve a more effective, efficient, and ethical government [M]. Springer, 2015.

[20] The City of New York. Center for Innovation through Data Intelligence [EB/OL]. https://www1.nyc.gov/site/cidi/index.page, 2020/2021-08-15.

[21] Bell D M, et al. Pandemic influenza as 21st century urban public health crisis [J]. Emerging Infectious Diseases, 2009, 15 (12): 1963.

[22] Chunara R, Smolinski M S, Brownstein J S. Why we need crowdsourced data in infectious disease surveillance [J]. Current Infectious Disease Reports, 2013, 15 (4): 316-319.

[23] Ding Xiang Yuan. COVID-19 global pandemic real-time report [R]. 2020.

[24] Sun K, Chen J, Viboud C. Early epidemiological analysis of the coronavirus disease 2019 outbreak based on crowdsourced data: A population-level observational study [J]. The Lancet Digital Health, 2020, 2 (4): 201-208.

[25] K. Crawford. The hidden biases in big data [J] Harvard business review, 2013, 1 (4).

[26] W.-j. Guan, Z.-y. Ni, Y. Hu, et al. Clinical characteristics of coronavirus disease 2019 in China [J]. New England Journal of Medicine, 2020, 382 (18): 1708-1720.

[27] M. Flowers. Beyond open data: The data-driven city [J]. Beyond transparency: Open data and the future of civic innovation, 2013: 185-198.

[28] Luo E M, et al. MIT COVID-19 Datathon: data without boundaries [J]. BMJ Innovations, 2021, 7: 231-234.

第 9 章 城市智能应对气候变化

城市作为主要的能源消费以及经济活动载体,在应对气候变化的议题上扮演着重要的角色。城市为经济发展、文化交流、科技创新提供了重要的物质与精神条件,但随着气候变化的不断影响,城市在公共安全、环境质量、人口健康、生态可持续性、社会公平等方面都面临着重大风险与长期挑战。城市智能对于未来应对气候变化的碳排放政策以及适应性策略有着重要的支撑作用,尤其是在未来城市土地利用、资源管理、社会组织、基础设施、规划设计等方面的变革仍然存有巨大的机会空间。

气候变化对城市的挑战

随着自然灾害、疫病大流行、社会贫富差异加剧以及局部地区冲突的增加，城市尤其是人口超过 1000 万的巨型城市（Megacity）和都市圈（Metropolitan Area 或 Urban Agglomeration）已然成为诸多问题的"风险场所"[1]。根据联合国预测，到 2030 年全球将有 43 个特大城市，其中大多数位于发展中国家。而到 2050 年，世界人口将接近 100 亿，估计有 68% 的人生活在城市区域[2]。在人口和碳排放快速增长的亚洲地区，城市消耗的能源占该地区总能源消耗的 80%，并制造了 75% 的碳排放[3]。尽管城市为经济的繁荣发展、文化的多元交流、科技的研发创新提供了重要的物质与精神基础条件，但随着气候变化、人口增长、资源匮乏等多种因素的不断影响，城市在公共安全、环境质量、人口健康、生态可持续性、社会公平等方面面临越来越大的风险与挑战。

2016 年，中国和世界多国针对全球气候变化问题达成了具有历史意义的《巴黎协定》，以作为全球范围的长期气候行动规划[4]。该协定呼吁国际社会应通过大幅减少碳排放，努力将全球气温上升限制在 1.5℃。同年，为了实现联合国可持续发展目标 11（Sustainable Development Goal 11），国际电信联盟（International Telecommunication Union，ITU）与联合国欧洲经济委员会（United Nations Economic Commission for Europe，UNECE）联合发起了共建智慧可持续城市的倡议（U4SSC）[5]。2021 年，中国在《中华人民共和国国民经济和社会发展第十四个五年规划和 2035 年远景目标纲要》（"十四五"规划）中提出了二氧化碳排放力争于 2030 年前达到峰值（"碳达峰"），努力争取在 2060 年前实现碳中和（"碳中和"）的"双碳"计划[6]。

城市作为主要的能源消费以及经济活动载体，在应对气候变化的议题上扮演着重要的角色。在减碳方面，城市在提升建筑能源效率、推广公共绿色交通、倡导低碳的生产与消费模式方面均有巨大的潜力；而另一方面，许多大型城市由于其地理位置而容易受到气候变化的影响，包括海平面上升、自然灾害、极端天气事件等。与此同时，高速增长的城市数据、不断提升的计算能力、逐渐成熟的信息技术使研究人员能够在城市尺度上观察和模拟城市现象。本章重点论述了城市智能在应对气候变化中两个层面的应用，即城市智能支持节能减碳和城市对气候变化的适应。

城市智能支持碳排放政策

减少城市建成环境中的能源使用和温室气体（GHG）排放已成为 21 世纪社

会面临的主要挑战之一。目前，全球许多的国家已开始积极响应《巴黎协定》，并基于本国政策和自身城市情况制定了减少碳排量的长期方案和远景目标。例如，纽约市于2017年宣布承诺与《巴黎协定》保持一致，并作为其未来发展任务的一部分，即到2050年将温室气体排放量从2005年的水平减少80%[7]。为了实现这些目标，城市就需要新的数据驱动方法来识别建筑、社区、城市规模的建筑环境能源效率提升和碳减排机会。

作者认为，当前在城市科学理解和管理碳排放面临两个仍需进一步深入研究的问题。首先，第一个问题是如何利用真实世界数据，推动与加深我们对城市复杂系统中参与碳排放的各个子系统及其相互联动的量化理解。如第2章所述，城市是一个庞大的系统体系，呈现出多个子系统交织并相互作用而引发多种技术与社会复杂问题。鉴于此，分析城市碳排放与碳汇动态就需要多源数据驱动和系统分析的方法[8,9]。有学者指出，先前测算气候变化影响的模型存在的缺陷之一是其仅从单一产业出发，例如农业、林业、水业等，而并未能充分考虑这些产业之间的相互影响，因此亟需引入跨产业领域的变量因子，并在不同的社会经济假设下进行分析[10]。近年来的研究探索了城市大数据收集和分析方法用来模拟城市不同子系统的时空动态，例如在城市交通、能源消耗、社交媒体活动、物资流动性和废物排放过程中，被描述为"城市脉搏"的时间特征规律[11-13]。

然而正如第3章所述，城市数据呈现出多源、异构、碎片化的格局，而城市各个子系统的数据通常由不同部门自主收集、分析、管理，这就造成了信息局限于各个职能部门而无法进行整合性分析和计算的"数据孤岛"现象。此外，多样的城市数据格式、结构、定义以及城市现象所呈现出的非线性复杂问题也为分析城市碳动态带来了难度。由于上述种种原因，对城市复杂系统的实时监测、数据收集、量化分析以及所得出的科学认识，仍需要更加全面地了解参与碳排放的城市交通、建筑、生产、消费、生态等多个子系统的相互作用及其所呈现的时空动态。

城市碳排放研究的第二个问题是对于微观，尤其是在人和社区尺度的碳排放，城市需要进一步对具体社区、街道、建筑的碳排放建立基于数据的精准理解和管理模式[14]。鉴于城市温室气体源自城市建成环境中发生的经济生产和人居活动，越来越多的研究开始关注对碳排放局部监测和本地化数据分析的重要性[15]。从城市碳问题的实际治理角度来看，与温室气体相关的政策行动通常由多个利益相关者在当地城市范围内相应特定的自然、政治、社会背景下进行规划和开展实施的[16,17]。微观和本地化的数据还能支持自下而上的公众参与，通过城市信息激发公众意识，并赋权于当地社区开展行动。然而目前，碳排放源动态监控和活动数据收集是碳排放核算流程中的薄弱环节[18]。在技术层面上，准确地监测或模拟城市局部碳排放的时空动态仍然是一个挑战，反映与城市碳动态相关的物理、环境、经济、社会行为的高分辨率数据源仍然十分有限[19,20]。仅以气温为例，图9-1显示了基于Earth Network的气温监测系统在纽约都市圈的设置，根据不同监测点的空间分布可知，该系统在城市中心地区的检测点仍然十分少。事实上，最高密度的曼哈顿地区的气温观测仅仅依靠位于中央公园的气象检测站[21]。

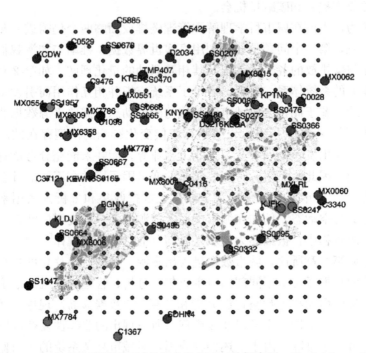

图9-1 纽约市及其周边区域的气象监测点（数据来源：Earth Network）

　　城市智能以及相应的研究方法为解决上述两个问题带来了新的思路。例如，第4章"量化城市场所"讨论了如何在自定义的地理区域局部内整合多尺度的数据集来进行精细量化，从而得到能够解释超本地（Hyper-Local）现象的城市系统数据分析能力。作为城市信息智能的一部分，这种精细量化可以支持基于特定地理位置的城市规划、设计解决方案、服务运营等[22]。而在城市碳动态研究方面，这种整合多源数据进行信息提取和知识发现的超本地量化过程可以根据地点位置周围的建成环境、生态、文化、社会经济等特征生成用于评估局部碳排放和碳汇的变量[23-25]。尤其是许多城市建成环境和硬件基础设施情况（例如建筑密度、街道网络、树木覆盖率、交通可达性等）的变化时间周期较长，因此可在较高的空间分辨率对此类因素预先进行精细量化，然后再分析多个子系统之间的时空动态或相互作用[26]。

　　在城市规划、城市设计、房地产等领域的实践中，专家和从业人员通常会在超本地级别提取数据，来创建基于地点位置的生活质量指标用于专业论证和商业决策（图 9-2）。这种多源数据本地化的结果证明，城市数据整合是提取各种客观指标的可推广且可扩展的过程。量化的结果体现了超本地（hyper-local）的城市环境和情况，并具有解释动态城市现象的能力。例如，图 9-3 展示的是通过利用数据整合的本地化变量进行城市局部气候测算，以及基于此方法开发的一个城市多尺度环境整合分析模型（Integrated Multi-scale Environmental Urban Model，IMEUM）[27]。而基于城市感知（Urban Sensing）、调查报告、交易记录等多种渠道收集的高频率信息则进一步揭示了微观尺度碳排放的规律与趋势，我们将其称之为"动态"（Dynamics）。时空动态代表了复杂城市系统中内在的不稳定性和对外部因素（Externalities）的反应，通常会涉及多个城市子系统之间的相互作用和过程[28]。这种动态或能揭示与碳排放关系紧密的城市系统的长期变化，例如城市扩张、土地覆盖（Land Cover）变化、邻里人口变化等与城市碳决策相关的信息[29-31]。

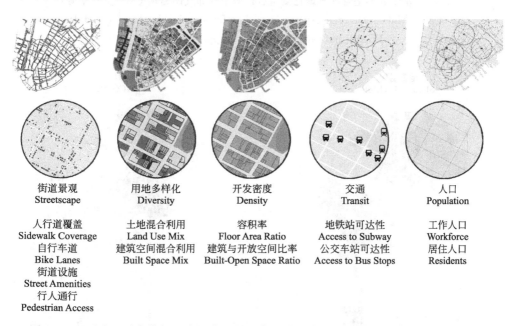

图 9-2 通过多源城市数据整合量化可得到常见的城市规划设计量化指标（作者自绘）

此外需要特别说明的是，城市碳研究以及在应对气候变化的城市治理中，对城市具体地区的社会与经济情况也需要有全面的考量。例如，图 9-4 揭示了城市局部地面温度与当地社区收入差异之间的潜在联系，这种发现对于在城市碳排放治理时如何确保社会公平性或如何结合具体社区的情况来制定精细化管理都有指导价值[32]。这种环境、经济、社会等多种变量之间的相互作用（Interactions）揭示了多种环境与社会因素如何共同塑造城市中特定的场所、现象

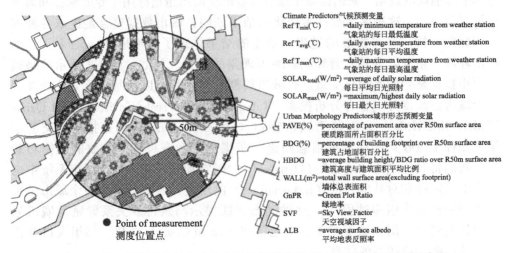

图9-3 基于数据整合的本地化变量进行城市局部气候测算（图片资料来源：Lim et al.，Multi-scale urban system modeling for sustainable planning and design，Energy and Buildings，vol 15，pp.78-91，2017）

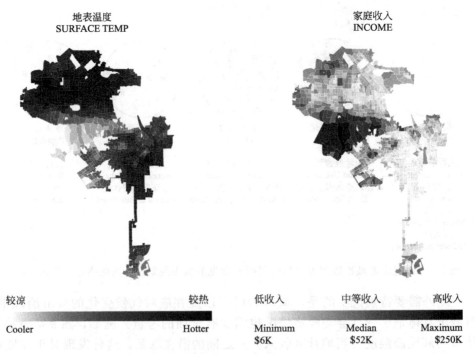

图9-4 美国洛杉矶市局部气温与社区平均收入差异（图片资料来源：Sean McMinn and Nick Underwood/NPR 数据来源：NASA/U.S. Geological Survey，Census Bureau）

及其长期影响，这对于重视社会公平性的城市规划来说是至关重要的。鉴于许多城市子系统之间具有高度相关性，例如建筑密度和社会经济活动，可以将各种原始数据量化并进一步整合成为关于城市特征（Urban Feature）、城市兴趣点（Points-of-Interest）、土地地形（Topography）和社会经济因素等度量[33,34]。跨学科的数据经过充分整合、量化、特征工程（Feature Engineering）处理后所产生的变量可能揭示城市中技术、生态、社会经济因素之间的复杂互动，从而支持城市政策、规划、设计与运营[35]。

城市智能用于气候适应

随着全球气候变化而不断增多的极端天气和自然灾害使城市面临着严峻的挑战和风险，亟需针对全球气候变化做出适应性的规划、设计与治理策略。不论是海平面上升和气温上升等长期慢性的气候变化趋势，还是热浪、干旱、台风等极端天气，抑或是季节性洪水、风暴潮（Storm Surge）、泥石流等周期性自然灾害，城市需要有更加及时和精准的信息来适应气候变化所带来的威胁。针对这些问题，城市智能的应用主要体现在三个层面，包括城市环境的精细理解、城市动态的及时捕捉、城市信息的有效传递。

首先，高分辨率的城市信息为城市建成环境的精细量化提供了数据基础，也使得物联网传感器系统的定位校准和空间网络智能系统有了成为现实的可能[27,36]。例如，图9-5展示了如何利用第4章中量化场所的方法来精细量化分析纽约市曼哈顿下城的每个街道交叉路口，即使用200m半径的空间环域来提取整合定点周边的多源数据。建筑密度和土地利用类型的精细量化为局部地区的城市开发提供了测量基准，帮助我们更好地了解具体地点土地利用与建成环境质量的情况，以及与当地人口特征、社会经济活动之间的关系。而对城市基础设施和公共资产的精细量化（例如公共交通可达性、社区周边设施、服务区域覆盖、公共资源分配等）为未来的规划决策提供了客观的依据，为应对气候变化的城市设计提供了基于真实情况的数据。此外，跨物理-生态-社会-经济等系统的综合分析也为调查与建成环境相关的心理和行为影响，如人居健康、公众感知、集群效应等复杂机制提供了研究基础[37-41]。

基于数据、分析和执行的城市智能也为实现城市动态的及时捕捉提供了可能，除了现场观测数据，移动电话使用情况、社交媒体地理标签、公共WiFi网络使用记录等数据也可以提供更好的覆盖范围和更高的时空分辨率。假设量化指标代表了超本地化的城市情境的基线，那么这些特征也能帮助我们理解城市其他更加动态的生态-社会-经济现象。通过整合来自于气象站、空气质量传感器、噪声传感器的现场监测数据，以及根据手机信令数据、公共WiFi网络使用情况、信用卡交易记录

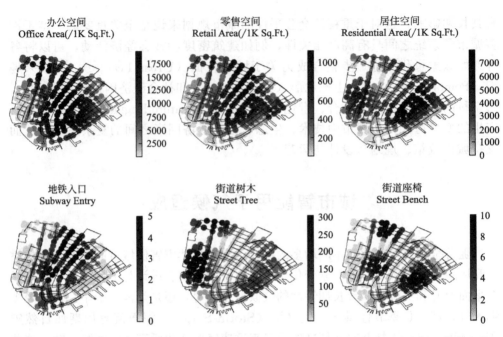

图 9-5　基于具体地点的城市建成环境精细量化（以纽约市曼哈顿下城区域为例，作者自绘）

等已脱敏的数字足迹（Digital Trace）①，新的模型可能揭示城市不同环境和场所如何造成环境健康、应急避险、公共安全、社会经济活动等多方面的时空动态差异。例如，图 9-6 显示了休斯敦都市圈在 2017 年遭受飓风哈维（Hurricane Harvey）重创期间，利用手机设备的脱敏信令数据所绘制的居民紧急转移的地点变化[42]。图中所示的是 3624 名选择停留在休斯敦的本地居民的避灾路径，其中空心气泡代表有较多居民撤出的社区，实心气泡代表有较多临时迁入避灾居民的社区，气泡的大小以人口数量绘制。图中的中心实心气泡聚集区域是休斯敦市中心，那里有许多公共设施、救助中心以及临时避难场所。由此可见，这种利用真实世界数据所绘制的城市动态也为适应气候变化的城市响应提供了新的依据。

　　城市信息的有效传递对于实现人与智能技术的联动至关重要。通过数据科学结合设计，可将晦涩难懂、复杂的科学研究成果转化为面向普通大众的可视化互动地图或信息图表（Infographics）。如图 9-7 所示，波士顿气候变化应对探索地图（Climate Ready Boston Map Explorer）是一个基于多源城市数据整合和信息可视化的公众平台，根据多个生态、经济、人口指标来评估未来该市不同地区面临海平面上升和洪水的风险[43]。

---

① 数字足迹（digital trace 或 digital footprint）通常是指一个人在使用互联网或数字设备时留下的一组独特的可追溯数字活动、行为、通信等记录，可直接或间接地反应使用者在出行、消费、阅读等一系列日常活动的习惯和偏好。

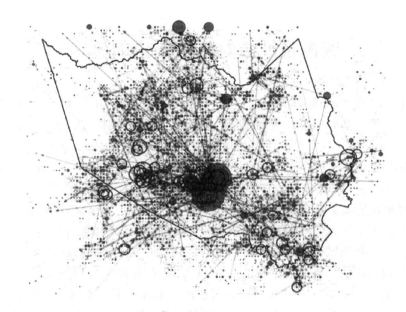

图 9-6　基于手机信令数据的城市社区避灾迁徙分析（图片资料来源：Hong et al.，Measuring inequality in community resilience to natural disasters using large-scale mobility data，Nature Communication，vol. 12，no. 1870，pp. 1-9，2021）

图 9-7　波士顿气候变化应对探索地图（Climate Ready Boston Map Explorer）
（图片资料来源：https：//www.boston.gov/departments/environment/climate-ready-boston-map-explorer）

城市智能应对气候变化的思考

城市作为庞大而复杂的社会-生态-科技动态系统，其在土地利用、资源管理、社会组织、基础设施、规划设计等方面的变革在应对气候变化上仍然存有巨大的机会空间[44]。在关于如何将城市数据扩展与上升到应对全球气候变化的问题上，柏林工业大学人类住区可持续发展经济学系主任费利克斯·克雷齐格（Felix Creutzig）联合多位研究合作伙伴共同发表了《升华城市数据科学为全球气候提供解决方案》（*Upscaling urban data science for global climate solutions*）一文，并指出了三条研究路径，包括①统一协调全球城市数据收集；②在保护隐私的前提下，利用城市大数据和机器学习来拓展气候变化的解决方案；③利用计算技术和数据科学方法分析已有的定性信息，系统化地综合理解气候变化的影响和解决方案[45]。而以上三点均在城市智能的框架体系下有不同程度的呈现。

在全球气候变化的大背景之下，中国的城市在应对气候变化中也有其独特性，主要体现在巨大的城市体量与城市人口、多元的城市文化特征、经济产业转型的需求以及新型城镇化的发展进程。仅以城市建筑为例，根据《中国建筑能耗研究报告（2020）》，我国建筑全生命周期的碳排放量达到49亿吨，约占碳排放总量的48%，而其中主要部分是建筑运行和建材的生产过程[46]。针对此问题，我国一方面从国土空间规划角度入手，在多个城市开展以老旧住区改造为主的城市更新；同时另一方面全面探索信息智能在不同尺度城市环境中的技术应用。例如，中国国家信息中心智慧城市发展研究中心、腾讯云、腾讯研究院于2021年4月19日联合发布了《现代化城市体征评价系统研究报告》，对基础设施、经济发展、文化建设、民生服务、治理能力和生态环境六个维度的生命体征进行研究，旨在科学认知城市规律的基础上，用信息化手段开展现代化城市的体征监测与评价[47]。2021年7月11日，以碳排放指标监测、碳减排政务管理为两大核心功能进行设计的"碳中和"智慧城市监测管理平台首次发布，为政府监测"双碳"行动提供了更加智能化的平台服务[48]。

城市智能在应对气候变化进程中起到了关键的作用，尤其是在城市碳排放的综合治理和适应气候变化风险等诸多问题中提供了重要的技术支持。2021年7月9日，联合国人居署中国办公室官员应盛在世界人工智能大会上表示，城市智能或数字化转型不再是锦上添花的过程，而是在城市应对气候变化、新冠疫情、可持续发展等一系列重大议题的重要技术支持，这需要以人为中心的共识与行动[49]。未来智慧城市"以人为本"的核心原则，反映了城市作为综合环境-社会-技术等多方面因素的复杂系统，需要城市科学的理论探索、城市信息学的应用研究以及城市智能的技术实施。鉴于先前在实现科技改善城市的愿景时往往会面临"社会-技术鸿沟"的阻碍,未来在推行创新技术带动城市转型的同时,也需要有对技术的反思以及其所带来的社会影响的慎重考量,避免盲目的技术堆砌或忽视智能技术自身的生态和经济代价。

关于以上问题,作者对聚焦应对气候变化的未来城市智能研究做出如下一些前瞻性的思考。首先,从数据科学的角度来看,未来城市中的数据将会持续变得更加多样化,尤其是在信息来源、数据质量、数据种类以及数据收集和传播的途径等方面会呈现出多种模式并存的趋势。这种趋势一方面与多种技术标准和产品相互竞争有关,另一方面也和具体城市的重点开发路径有关。以监测城市碳排放为例,反映建筑物碳排放的数据有可能是以城市物联网技术为基础的能耗实时记录,也有可能是基于城市碳排放管理要求的业主上报记录,抑或是利用热红外传感器对室外环境中气体排放的监测,而后续的数据整合、分析、应用开发过程也将需要针对这些具体的数据特点开展。

其次,从城市研究的角度来看,随着城市系统自身以及需要应对的外部问题变得愈加复杂,未来城市研究需要通过更多维度的视角来对具体现象的问题起因、发展过程、内部矛盾、外部风险以及潜在的解决方案或调和机制进行深入的分析。再以城市建筑碳排放为例,其问题的根源在于建筑中的能源使用以及相应的碳排放,但是该问题的发展过程则涉及到了地理区域气候环境、建筑能效(包括建筑内部能源系统自身的能效和建筑设计的影响)、建筑功能、建筑内部使用情况(例如人员密度、使用强度和频率等)等涉及到城市环境、建筑物内部系统构造、人的使用等多维度的因素。而在调和机制方面,也有以政府政策主导(例如纽约市的能源使用信息数据公开化的政策要求)、市场机制干预(例如以 LEED[①], Energy Star[②] 等为代表的绿色建筑认证)或有社区群众展开不同维度的建筑环境提升。

再次,从未来城市技术开发应用的角度来看,城市智能的应用场景将趋于更加丰富,并将持续发展由政府、社区、个人等多方主导,多尺度和多方协调的未来城市治理机制。城市智能技术的应用将在保障城市生态环境、能源供给、安防管理、物流交通等基础设施需求的物质层面之上,也将不断向满足人居生活质量、促进社区文化、激发城市活力等精神层面需求的方向发展。目前,这些未来发展趋势已初步体现在以智能家居产品为主的家庭室内生活环境提升、以物联网和智能设备为基础的个人健康管理、以数字化社区为基础的公众参与、以新媒体平台和实时信息互动为基础的虚拟城市文化活动等多种模式。

---

① LEED (Leadership in Energy and Environmental Design 能源与环境设计先锋)是由美国绿色建筑委员会开发的一套绿色建筑评价体系,用于认证绿色建筑和绿色社区项目。

② 能源之星(Energy Star)是由美国能源部和美国环保署共同主导推行的一项政府计划,主要针对电子产品、办公设备、照明、建筑等系统的能源效率展开评估认证,旨在降低能源消耗和温室气体排放。

最后，从智慧城市相关政策的角度来看，城市智能技术的开发与落地需要更深入地理解国家政策、社会制度、文化传统等因素如何塑造未来城市中的"技术-社会"关系。例如，如何在未来进一步促进城市开放数据的发展，同时保障信息安全、个人隐私与数字知识产权？如何在未来推广智能信息技术在社区尺度的气候变化适应开发，同时保障此类技术落地的经济可持续性和实用性？在城市智能支持未来城市系统的自动化以及利用大数据驱动决策的过程中，由谁以及如何开展对数据质量、数据代表性以及算法可靠性的常规考察论证？以上的问题需要由不同领域的学者在未来城市中的法律保障、政策支持、实施机制、技术评估等层面进行合作研究与前沿探索。

综上所述，未来城市的发展是全球应对气候变化挑战过程中的重要议题。一方面，城市由于其高密度的人居环境、高强度的非农业生产以及集中的经济、政治、文化活动，不断受到与气候变化相关的诸多风险的影响。与此同时，近二十年来智慧城市的不断发展以及近期城市智能的前沿研究为应对气候变化带来了新的机会与希望。作者从城市的数据科学、研究分析、技术开发与政策落实四个层面做了前瞻性的思考，阐述了城市智能如何进一步支持未来城市应对气候变化。

参考文献

[1] United Nations. The World's Cities in 2018 [R/OL]. https：//www. un. org/en/events/citiesday/assets/pdf/the_worlds_cities_in_2018_data_booklet. pdf，2018/2021-8-18.

[2] United Nations. 68% of the world population projected to live in urban areas by 2050，says UN [Z/OL]. https：//tinyurl. com/y8opsvrs，2018-05-16/2020-05-12.

[3] 世界银行. 关于气候智慧型城市，您应当了解的四件事 [Z/OL]. https：//www. shihang. org/zh/news/feature/2019/05/31/four-things-you-should-know-about-climate-smart-cities，2019-05-31/2021-08-19.

[4] United Nations. The Paris Agreement [Z/OL]. https：//www. un. org/en/climatechange/paris-agreement，2021-08-15.

[5] 国际电信联盟. United 4 Smart Sustainable Cities [Z/OL]. https：//www. itu. int/en/ITU-T/ssc/united/Pages/default. aspx，2016/2021-08-18.

[6] 中华人民共和国国民经济和社会发展第十四个五年规划和 2035 年远景目标纲要 [EB/OL]. http：//www. gov. cn/xinwen/2021-03/13/content _ 5592681. htm，2021-03-13/2021-08-19.

[7] The City of New York. Aligning new york city with the paris climate agreement [EB/OL]. https：//www1. nyc. gov/assets/sustainability/downloads/pdf/publications/1point5-AligningNYCwithParisAgrmt-02282018 _ web. pdf，2018-02-28/2021-08-15.

[8] Fiksel J. Sustainability and resilience：Toward a systems approach [J]. Sustainability：

Science, Practice and Policy, 2006, 2 (2): 14-21.

[9] Michener W K, et al. Defining and unraveling biocomplexity [J]. BioScience, 2001, 51 (12): 1018-1023.

[10] Harrison P A, et al. Climate change impact modelling needs to include cross-sectoral interactions [J]. Nature Climate Change, 2016, 6 (9): 885-890.

[11] Dobler G, et al. Dynamics of the urban lightscape [J]. Information Systems, 2015, 54: 115-126.

[12] Kontokosta C E, Johnson N, Schloss A. The Quantified Community at Red Hook: Urban Sensing and Citizen Science in Low-Income Neighborhoods [C]. //Proceedings of the Data For Good Exchange 2016. New York, 2016.

[13] Miranda F et al. Urban pulse: Capturing the rhythm of cities [J]. IEEE Transactions on Visualization and Computer Graphics, 2016, 23 (1): 791-800.

[14] Gurney K R, et al. Track urban emissions on a human scale [J]. Nature, 2015, 525: 179-181.

[15] Aall C, Groven K, Lindseth G. The scope of action for local climate policy: The case of Norway [J]. Global Environmental Politics, 2007, 7 (2): 83-101.

[16] Bond M. Localizing climate change: Stepping up local climate action [J]. Management of Environmental Quality: An International Journal, 2010, 21 (2).

[17] Lee K N. Cities and climate change: Urban sustainability and global environmental governance [J]. Global Environmental Politics, 2005, 5 (4): 122-124.

[18] 德勤管理咨询. 2030碳达峰2060碳中和再造企业可持续发展创新力 [R]. 2021.

[19] The City of New York. Inventory of new york city greenhouse gas emissions in 2015 [R]. Mayor's Office of Long Term Planning and Sustainability, 2017.

[20] Dhakal S. GHG emissions from urbanization and opportunities for urban carbon mitigation [J]. Current Opinion in Environmental Sustainability, 2010, 2 (4): 277-283.

[21] US Dept of Commerce National Oceanic and Atmospheric Administration. National Weather Service [Z/OL]. https://forecast.weather.gov/MapClick.php?x=102&y=191&site=okx&zmx=&zmy=&map_x=102&map_y=191#.YRzHoy0RoWo, 2021-08-18.

[22] French S P, Barchers C, Zhang W. How should urban planners be trained to handle big data [C] //Seeing Cities through Big Data, Springer, 2017: 209-217.

[23] Zheng Y. Methodologies for cross-domain data fusion: An overview [J]. IEEE Transactions on Big Data, 2015, 1 (1): 16-34.

[24] Zhu Y, Ferreira J. Data integration to create large-scale spatially detailed synthetic populations [C] //Planning Support Systems and Smart Cities, Springer, 2015: 121-141.

[25] Günther S, Resch B, Blaschke T. Contextual sensing: Integrating contextual information with human and technical geo-sensor information for smart cities [J]. Sensors, 2015, 15 (7): 17013-17035.

[26] Hillier B, et al. Space syntax [J]. Environment and Planning B: Planning and design,

1976, 3 (2): 147-185.

[27] Lim T K, et al. Multi-scale urban system modeling for sustainable planning and design [J]. Energy and Buildings, 2017, 15: 78-91.

[28] White R, Engelen G. High-resolution integrated modelling of the spatial dynamics of urban and regional systems [J]. Computers, Environment and Urban Systems, 2000, 24 (5): 383-400.

[29] Fang S, et al. The impact of interactions in spatial simulation of the dynamics of urban sprawl [J]. Landscape and urban planning, 2005, 73 (4): 294-306.

[30] Batisani N, Yarnal B. Urban expansion in Centre County, Pennsylvania: Spatial dynamics and landscape transformations [J]. Applied Geography, 2009, 29 (2): 235-249.

[31] Moreno J D, Sampson R J. Violent crime and the spatial dynamics of neighborhood transition: Chicago, 1970-1990 [J]. Social Forces, 1997, 76 (1): 31-64.

[32] Anderson M, Mcminn S. As Rising Heat Bakes U.S. Cities, The Poor Often Feel It Most, [N]. NPR News. https://www.npr.org/2019/09/03/754044732/as-rising-heat-bakes-u-s-cities-the-poor-often-feel-it-most, 2019-09-03/2021-08-18.

[33] Lawrence F D. Linking objectively measured physical activity with objectively measured urban form: Findings from SMARTRAQ [J]. American Journal of Preventive Medicine, 2005, 28 (2): 117-125.

[34] Ross B C, et al. Measuring the built environment for physical activity: State of the science [J]. American Journal of Preventive Medicine, 2009, 36 (4): S99-S123.

[35] Ratti C. Space syntax: some inconsistencies [J]. Environment and Planning B: Planning and Design, 2004, 31 (4): 487-499.

[36] Ang L M, Seng K P. Big sensor data applications in urban environments [J]. Big Data Research, 2016, 4: 1-12.

[37] Zinoviev D. Science Essentials in Python: Collect-Organize-Explore-Predict-Value [M]. Pragmatic Bookshelf, 2016.

[38] Williams A. Dourish P. Imagining the city: The cultural dimensions of urban computing [J]. Computer, 2006, 29 (9): 38-43.

[39] Salesses P, Schechtner K, Hidalgo C A. The collaborative image of the city: Mapping the inequality of urban perception [J]. PloS one, 2013, 8 (7): e68400.

[40] Naik N, et al. Do people shape cities, or do cities shape people? The co-evolution of physical, social, and economic change in five major US cities [J]. National Bureau of Economic Research, 2015, No. w21620.

[41] Mooney S J, et al. Use of Google Street View to assess environmental contributions to pedestrian injury [J]. American journal of public health, 2016, 106 (3): 462-469.

[42] Hong B, et al. Measuring inequality in community resilience to natural disasters using large-scale mobility data [J]. Nature Communication, 2021, 12 (1870): 1-9.

[43] City of Boston. Climate ready boston map explorer [OL]. https://www.boston.gov/departments/environment/climate-ready-boston-map-explorer, 2020-08-01/2021-08-18.

[44] Egerer M, et al. Urban change as an untapped opportunity for climate adaptation [J]. NPJ Urban Sustainability, 2021, 1 (22): 1-9.

[45] Creutzig F, et al. Upscaling urban data science for global climate solutions [J]. Global Sustainability, 2019, 2: 1-25.

[46] 中国建筑节能协会、能耗统计专业委员会. 中国建筑能耗研究报告（2020）[R]. 厦门, 2020.

[47] 新华网. "现代化城市体征评价体系"正式发布, 助力城市数字化智能化升级 [Z/OL]. http://www.xinhuanet.com/info/2021-04/20/c_139893084.htm, 2021-04-20/2021-08-19.

[48] 央广网. 中国"碳中和"智慧城市监测管理平台首次发布 [Z/OL]. http://gz.cnr.cn/zhongdianliutiao/20210711/t20210711_525531832.shtml, 2021-07-11/2021-08-18.

[49] 新华网. 应盛: 未来城市数字化转型需要以人为中心的共识和行动 [Z/OL]. http://www.xinhuanet.com/info/20210702/C970860E1B9000018F5D144010B32E00/c.html, 2021-07-12/2021-08-18.

结语

在过去的二十年中,技术发展使人们对城市有了更加科学的认识,并越来越多地采用数据驱动的方法来支持城市的物理-生态-社会-经济系统。与此同时,快速城市化以及气候变化给实现美好城市人居带来了日益严峻的挑战。随着城市的不断建设更新和信息技术的开发应用,城市系统以及城市智能的综合研究对于城市研究的理论创新、信息技术在规划设计中的应用、数据驱动的城市治理实践都有着重要的指导意义,尤其是在实现智慧城市的美好愿景、理解潜在的社会技术冲突、确保"科技向善"方面发挥着核心作用。

整体而言,本书探讨了城市作为复杂系统的科学观点、研究方法与实践指导。基于智慧城市的发展背景,作者对关于城市系统的不同学科观点以及当前的城市数据格局进行了梳理。本书通过实际研究案例展示了城市数据的挖掘、整合、分析与研究成果的实际作用,并阐述了城市智能的含义、构造与应用价值。在城市作为"物理-技术-社会"多维动态系统的基础之上,海量、多源、高速的城市数据带来了更加复杂的数字环境,这也为计算和分析带来了挑战。通过将城市研究和数据科学的方法相结合,可以实现城市微观尺度的本地化精细量化、多源信息和多维度的城市整合分析以及利用非结构化数据进行信息挖掘和知识发现。这种将城市理论研究、数据科学方法、城市规划治理中的现实问题三者相结合的思路将为创建城市智能提供基础和技术支撑。

需要指出的是,本书中的一些研究仍属于前期探索性调查,难免会存在局限性与不确定性,一部分研究发现事实上也与作者的预期有一定的差距。首先,基于真实城市数据的分析模型往往会受限于有限的数据资源,尤其是缺乏细粒度且观测频繁的数据。以第4章中的城市场所量化与行人分析模型为例,虽然该模型整合了来自多种数据集的自变量,但观测地点稀疏和时间频率低的数据会限制利用机器学习(例如回归树或人工神经网络)进行更加复杂的建模分析。又如,在第5章中由于缺乏高分辨率的哮喘数据,例如具有患者所在位置和时间的哮喘病例记录,也限制了研究结果的时空精细度。虽然目前已有越来越多新的数据来源,包括手机、可穿戴产品、电子病历、个人健康记录、公共安全监控等智能设备与网络系统为研究城市现象提供了多角度的动态信息来源。这些数据也在不同层面上,不完全地反映了与公共健康、社会文化、经济活动等有关的城市动态现象。然而如作者在本书中所述,许多新数据资源的使用方式仍处于前期调查与局部地区试验中,尚未形成普遍且可大规模推广的分析与应用方法,同时亦受关于数据隐私、信息安全、算法偏见、预测模型的不确定性等计算伦理考量方面的影响。

此外作者在此要强调的是，本书的大多数研究都是以美国纽约市作为研究背景的，对全球其他城市相关内容的研究尚需要开展进一步的实地调查。纽约市作为世界上数据量最丰富的城市之一，显示了城市数据资源带来的广阔机遇。然而，鉴于目前城市数字化进展程度不均，大多数城市远没有如此庞大、丰富且公开的数据资源，这也许会引发我们对具体的城市数据科学方法在其他城市的普遍适用性的质疑。因此，作者希望本书亦能为仍处于数据资源建设开发初期阶段的世界其他城市提供一些启发，借鉴纽约市的成功示例并汲取经验教训，更加有效地开展城市数据的收集、分析和数据驱动的规划治理实践。

还需要特别指出的是，作者在本书中也多次谈及城市问题有其基于具体地理、历史、经济和文化环境的特殊性，以及不同城市在数据收集和管理中所呈现的多样性，这为开发和验证通用的城市分析方法带来了极大的障碍。鉴于不同城市在物理、技术、生态、社会经济等方面的差异，数据分析的结果及其方法的实践有效性可能也会不一致。尽管作者提出了城市智能的概念化框架用来支持城市规划设计、公共政策以及城市治理，但对于该框架在实际应用中的可行性与反馈，未来仍需要开展更为丰富的实践检验和深层次的理论分析。

本书的出版工作得到了清华大学的大力支持，作者在此致上真诚的谢意。本书的部分成果源自作者在美国纽约大学的博士研究、在麻省理工学院任教期间以及回国加入清华大学任教后的学术思考。这些研究成果和本书成功出版离不开家人、老师、同事以及研究合作伙伴的长期支持。作者在此要感谢本人的博士生导师 Constantine E. Kontokosta 教授给予的长期的指导与支持，这不仅仅体现在具体研究过程中理论与方法的启发，更体现在严谨治学态度和科研精神的培养。作者也期待在未来的研究中能保持和导师的合作关系，共同推动全球城市科学领域的理论研究和实践创新。作者博士论文的评审委员包括英国华威大学城市科学研究所所长、计算机科学教授 Stephen Jarvis，纽约大学 Marron 城市管理研究所主任、著名城市规划研究学者 Shlomo (Solly) Angel 教授，纽约大学工程学院城市系统工程学 Ilan Juran 教授和城市智能交通研究 Joseph Chow 教授，他们给予本人诸多学术指导和反馈。作者还要感谢在纽约大学和麻省理工学院的同事们以及研究合作伙伴，尤其是麻省理工学院计算生理学实验室的 Leo A. Celi 教授给予的支持。最重要的是，作者特别想要感谢父母长期的无条件支持，他们也从读者的角度对本书的整体构思和文字组织上提供了宝贵的建议和反馈，他们的支持是作者在城市科学领域不断深入开展研究的持续动力。

结语

  未来，作者计划在不同的城市中继续开展实地调研和试验性的应用研究，从而对城市科学的普遍适用性有更加全面的论证，并对城市智能如何遵循"因城施策"的理念进行更加深入的系统探索。

来源
2021 年 10 月　于清华园